DECISÃO JUDICIAL E PERSPECTIVA DE GÊNERO

Como regras aparentemente neutras influenciam o trabalho, a família e a vida das mulheres

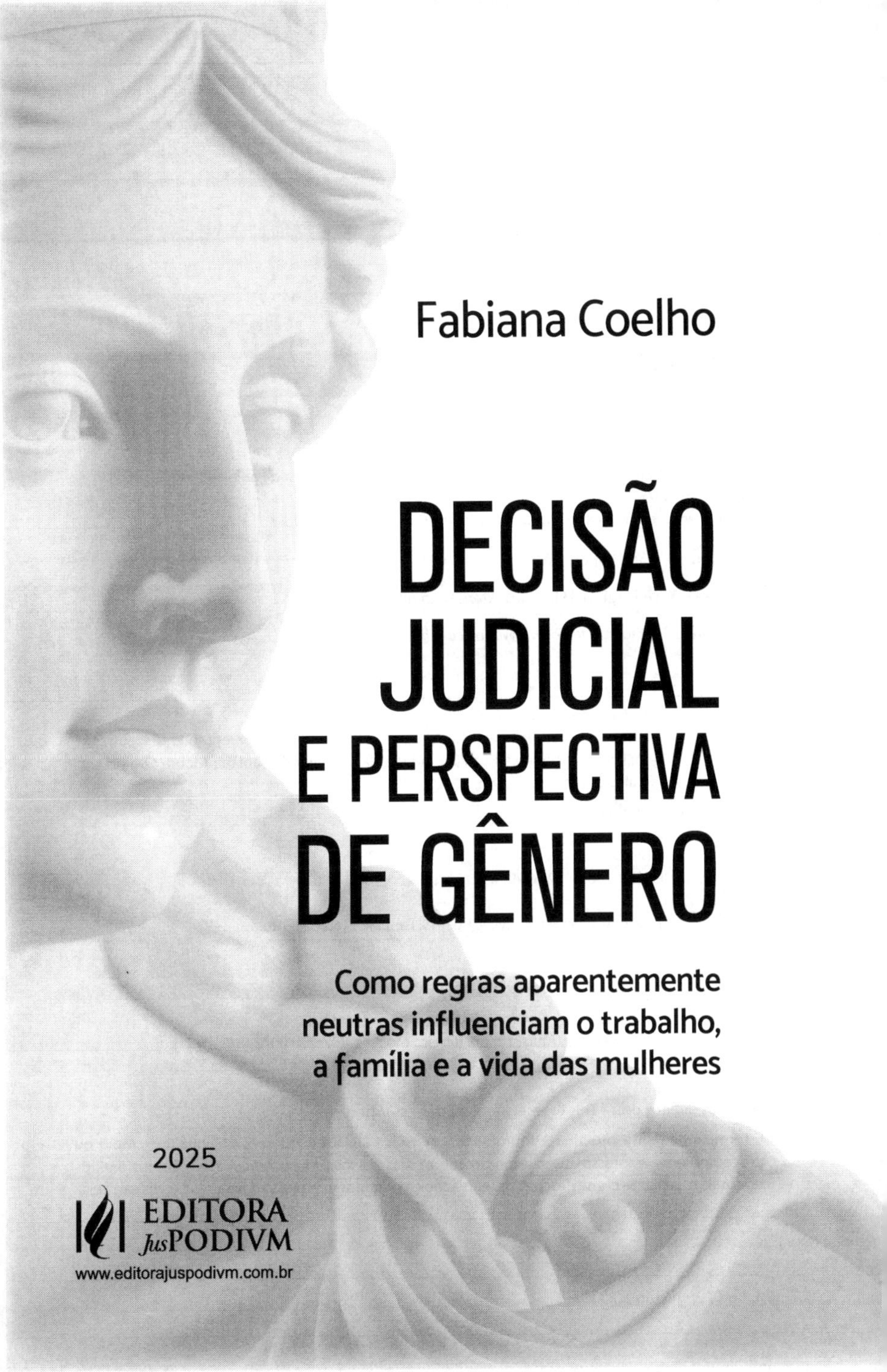

Fabiana Coelho

DECISÃO JUDICIAL E PERSPECTIVA DE GÊNERO

Como regras aparentemente neutras influenciam o trabalho, a família e a vida das mulheres

2025

EDITORA *Jus*PODIVM

www.editorajuspodivm.com.br

EDITORA
*Jus*PODIVM
www.editorajuspodivm.com.br

Rua Canuto Saraiva, 131 – Mooca – CEP: 03113-010 – São Paulo – São Paulo
Tel: (11) 3582.5757
Contato: www.editorajuspodivm.com.br/central-de-relacionamento

Diagramação: PC Editorial Ltda. *(pceditorial@gmail.com)*

Capa: Maitê Coelho *(maitescoelho@yahoo.com.br)*

C672d Coelho, Fabiana Moura

Decisão Judicial e Perspectiva de Gênero: Como Regras Aparentemente Neutras Influenciam o Trabalho, a Família e a Vida das Mulheres / Fabiana Moura Coelho – São Paulo: Editora JusPodivm, 2025.

144 p.

Bibliografia.
ISBN 978-85-442-6099-9.

1. Direito Processual Civil. I. Coelho, Fabiana Moura. II. Título.

CDD 341.46

Bibliotecária responsável:
Ana Carolina Ribeiro Mois – CRB7 – RJ 007348/0

1.ª ed., *2.ª tir.:* nov./2025.

AGRADECIMENTO

A realização deste texto só foi possível porque houve a colaboração de muitas pessoas, seja nas soluções de dúvidas para a matrícula, nas aulas, nas trocas de textos ou nas conversas. São tantas pessoas que, direta ou indiretamente, contribuíram, que não caberia nesta página. A todas, meu muito obrigada.

À Universidade Católica de Brasília, que forneceu as condições para o desenvolvimento deste trabalho. Ao Prof. Dr. Maurício Timm do Valle, coordenador do programa de Mestrado em Direito da UCB e professor comprometido, que tantas reflexões trouxe para o projeto. Ao meu orientador, Prof. Dr. Guilherme Román Borges, pelas aulas intensas, indicações de textos e, especialmente, pelas discordâncias. À Prof. Dra. Ana Lúcia Pretto Pereira, orientadora no período inicial, pelas aulas e orientações que certamente definiram o rumo deste trabalho.

À minha família, em especial ao meu marido, Edilson, professor deste programa de Mestrado e de quem partiu a ideia original para que eu fizesse o mestrado. Sua participação foi imprescindível para que este trabalho fosse iniciado e concluído. Ao meu filho, Daniel, luz da minha vida.

I wish I knew how
It would feel to be free
I wish I could break
All the chains holding me
I wish I could say
All the things that I should say
Say 'em loud say 'em clear
For the whole round world to hear
I wish I could share
All the love that's in my heart
Remove all the bars
That keep us apart
I wish you could know
What it means to be me
Then you'd see and agree
That every ***woman*** *should be free*

Billy Taylor – *I wish I knew how it would feel to be free*
(texto adaptado – a canção foi considerada
um hino do movimento pelos Direitos Civis
nos Estados Unidos)

SUMÁRIO

Capítulo 1

INTRODUÇÃO

1. GÊNERO E SEXO COMO FATORES DE DESIGUALDADE

Simone de Beauvoir afirma que a representação do mundo como hoje o conhecemos é o trabalho da descrição do ponto de vista de homens, ponto de vista este que eles, os homens, confundem com a verdade absoluta[1]. A representação tradicional da história humana é a representação da história dos homens[2], que são apenas metade da humanidade.

Isso gera um viés na forma como são designadas, por exemplo, políticas públicas e normas que vão atingir um grupo necessariamente heterogêneo de indivíduos. A ideia descrita de forma a aparentar uma neutralidade de sexo é apenas mais uma forma de exclusão da perspectiva das mulheres[3].

Considerar a perspectiva das mulheres é a única forma de construir uma sociedade em que todas e todos sejam incluídos. Caroline Criado Perez aponta que haveria uma

---

1. Beauvoir, Simone de. **O Segundo sexo**: fatos e mitos. São Paulo: Difusão europeia do livro, 1980. p. 183.
2. Criado Perez, Caroline. **Invisible Women**: exposing data bias in a world designed for men. Londres: Chatto & Windus, 2019. P. XI.
3. Idem. p. XIII.

grande variedade de temas de interesse das mulheres que a perspectiva dos homens falha em cobrir, as principais delas sendo o corpo feminino (incluída aqui a maternidade), o trabalho não remunerado de cuidado e a violência dos homens contra as mulheres[4].

Nesse sentido, muitos trabalhos assinalam a necessidade de distinção entre gênero e sexo. Gerda Lerner[5] aponta que o termo gênero parece ter sido criado para "soar mais 'refinado' do que a simples palavra 'sexo', com suas conotações 'indecentes'"[6]. A partir perspectiva da autora, pode-se inferir que o próprio surgimento do termo gênero carrega em si um viés sobre o que poderia definir metade da população humana.

Ao discutir as origens do patriarcado e o papel das mulheres e dos homens na história, Gerda Lerner[7] busca estabelecer um novo parâmetro na escrita dessa história, sem o viés da representação do mundo a partir da perspectiva apenas dos homens, como apontou Beauvoir[8]. A autora demarca o centro do mundo como algo de homens e mulheres, que definem o parâmetro daquilo que é humano. Suas ideias colocam em discussão as teorias da submissão feminina e a atribuição dos papeis de gênero na sociedade. E como forma de tornar mais objetiva e clara a descrição dos termos empregados, a autora elabora um capítulo de definições que traz as expressões que descrevem a experiência das mulheres, segundo a autora.

---

4. Idem.
5. Lerner, Gerda. **A criação do patriarcado**: história da opressão das mulheres pelos homens. São Paulo: Cultrix, 2019. P. 388.
6. Idem. P. 389.
7. Idem. p. 49.
8. Beauvoir, Simone de. **O Segundo sexo**: fatos e mitos. São Paulo: Difusão europeia do livro, 1980. p. 183.

Para Guerda Lerner, a definição de gênero perpassa os papeis culturais associados ao sexo. A autora critica seu uso indiscriminado na academia e na mídia como alternativa ao termo sexo. Com isso, confunde-se o que é biológico e observável, o sexo, com um constructo criado pela sociedade que designa os papéis de cada um dos sexos, o gênero.

O termo "gênero" é, então, definido como o conjunto de papéis culturais atribuídos aos sexos em uma determinada sociedade e época: *"é uma fantasia, uma máscara, uma camisa de força com a qual homens e mulheres dançam sua dança desigual"*[9]

Caroline Criado Perez adota essa diferenciação ao tratar dos vieses existentes em diversos aspectos da vida de homens e mulheres[10]. Sem explicitamente adotar as definições de Guerda Lerner, a autora explica que adota "sexo" ao tratar de características biológicas que distinguem homens e mulheres, e "gênero" ao trabalhar os significados sociais de se perceber um indivíduo como masculino ou feminino.

A distinção entre sexo e gênero ganha nova perspectiva acadêmica com a teoria da performatividade de gênero, de Judith Butler[11], originalmente publicada na década de 1990, em livro intitulado *Problemas de Gênero*. A autora não necessariamente nega que haja diferença entre os sexos,

---

9. Lerner, Gerda. **A criação do patriarcado**: história da opressão das mulheres pelos homens. São Paulo: Cultrix, 2019. p. 388.

10. CRIADO PEREZ, Caroline. **Invisible Women**: exposing data bias in a world designed for men. Londres: Chatto & Windus, 2019. p. XIII: *by 'sex, I mean the biological characteristics that determina whether an individual is male or female. XX or XY. By 'gender', I mean the social meanings we impose upon those biological facts – the way women are treated because they are perceived to be female.*

11. BUTLER, Judith. **Problemas de Gênero Feminismo e subversão da identidade.** 14ª. Ed. Rio de Janeiro, Civilização Brasileira, 2017.

mas questiona os papeis determinados por expectativas relacionadas ao gênero.

Para Judith Butler, o gênero seria algo fluido, que decorre das interrelações humanas. Até esse ponto, seu pensamento caminha no mesmo sentido daquele apontado por Guerda Lerner[12]: o gênero não passaria de uma construção social, que dita as expectativas relacionadas ao sexo.

Judith Butler amplia drasticamente essa visão para sobrepor a categoria do gênero ao sexo, incluindo neste a perspectiva de pessoas transexuais/transgênero[13]. Segundo a autora, uma mesma pessoa poderia performar diferentes gêneros em determinados contextos sociais. Sua teoria tem servido como base ao chamado movimento *queer*[14].

Judith Butler tece sua crítica ao ideal de independência iluminista, que aponta como como um ideal eminentemente masculino: autossuficiente e autodeterminado. Esse ser seria, na visão de Judith Butler, a contraposição do que a teoria feminista enxerga como característico, inerente do

---

12. LERNER, Gerda. **A criação do patriarcado**: história da opressão das mulheres pelos homens. São Paulo: Cultrix, 2019. p. 388.

13. PAGNAN, Redson. De Foucault à Butler: como a teoria queer contamina os discursos In: RUA [online]. Volume 26, número 2 – p. 741-746, 2020. In: **Revista do Laboratório de Estudos Urbanos do Núcleo de Desenvolvimento da Criatividade**. Disponível em <http://www.labeurb.unicamp.br/rua/>. Acesso em 12 jun 22.

14. O movimento *queer* é de difícil definição. Trata-se de movimento sobre sexualidade e gênro, que propõe uma crítica às identidades hetero e homossexuais. Entende gênero e sexualidade como frutos de determinadas sociedades, não sendo inerentes ao ser humano. É nesse contexto que a teoria da performatividade de Judith Butler se insere ao destacar que "*O gênero é performativo porque é resultante de um regime que regula as diferenças de gênero. Neste regime os gêneros se dividem e se hierarquizam de forma coercitiva*" (BUTLER, Judith. Críticamente subversiva. In: JIMÉNEZ, Rafael M. Mérida. *Sexualidades transgresoras. Una antología de estudios queer.* Barcelona: Icária editorial, 2002, p. 55 a 81).

ser humano: a dependência. A essa dependência, a autora denomina vulnerabilidade.

A autora evidencia como a esfera da vida pública, vista como o domínio de homens independentes, chefes de família que realizam suas transações uns com os outros, é a visão de homens sobre o mundo, tal como apontou Simone de Beauvoir[15]. A esfera doméstica, feminina, é colocada para fora do território da justiça, restrita apenas às necessidades reprodutivas e afetivas do homem.

Esse papel de gênero, então, coloca as mulheres à margem das considerações morais e políticas, ficando relegado ao âmbito da natureza. As pensadoras feministas, como Judith Butler e Seyla Benhabib[16] recusam a definição tradicional e masculina de cidadão, o que gera uma visão de mundo enviesada e distorcida, como aponta Caroline Criado Perez[17].

Para Judith Butler, a exploração da vulnerabilidade feminina, conceito que perpassa a noção de dependência inerente do ser humano, gera precariedade e violência, sobretudo quando não se garante um mínimo existencial social básico, como abrigo e alimentação. E desmascarar teorias tidas como universalistas, mas que, na verdade, não passam de uma visão de mundo distorcida e excludente de mulheres seria o papel das teorias feministas.

Nancy Fraser, no entanto, enxerga a injustiça contra a mulher como resultado da elementos materiais e simbólicos, que se externalizam nas questões econômicas e

---

15. BEAUVOIR, Simone de. **O Segundo sexo**: fatos e mitos. São Paulo: Difusão europeia do livro, 1980. p. 183.
16. BENHABIB, Seyla; Butler, Judith; Cornell, Drucilla Fraser, Nancy. **Feminist Contentions**: A Philosophical Exchange. New York: Routledge, 1995.
17. CRIADO PEREZ, Caroline. **Invisible Women**: exposing data bias in a world designed for men. Londres: Chatto & Windus, 2019.

culturais[18]. Para a autora, esses dois elementos estão imbricados e se reforçam sucessiva e continuamente.

Esse padrão tem a capacidade de gerar normas sexistas e androcêntricas que institucionalizam a exclusão e o silenciamento de mulheres. O pensamento de Nancy Fraser auxiliaria na compressão e interpretação do que seriam as consequências de uma norma que gera impacto desproporcional às mulheres, tema que será abordado em capítulo específico.

Para Nancy Fraser, a desigualdade econômica (que a autora classifica como desigualdade material, e, apesar de usar o mesmo termo, trata de questão bastante diversa do que se costuma chamar de igualdade material em direito, em contraponto à igualdade formal) fomenta e pereniza a subordinação da mulher, criando obstáculos à sua entrada na esfera pública e política, o que, por sua vez, reforça a produção de normas excludentes.

O que se pode considerar como fio condutor ou ponto de interseção no pensamento das diferentes propostas feministas é que há um estereótipo do que se espera das mulheres, seja individualmente, seja enquanto grupo. Esse estereótipo tende a reforçar a visão da mulher pelo olhar do homem, objetificada e, por isso desumanizada.

O estereótipo de gênero associado às mulheres é visto por outro ângulo pelas pensadoras negras, conforme aponta Angela Davis[19]. Para a autora, que discute a discriminação da mulher em sociedades marcadas pela pobreza e pelo racismo, a experiência das mulheres negras ocorre na intersecção das múltiplas estruturas de dominação, como o

---

18. BENHABIB, Seyla; BUTLER, Judith; CORNELL, Drucilla; FRASER, Nancy. **Feminist Contentions**: A Philosophical Exchange. New York: Routledge, 1995.

19. DAVIS, Ângela. **Mulheres, raça e classe**. São Paulo: Boitempo, 2016.

sexo, a raça e a classe social. Nesse sentido, a mulher negra nunca teria sido vista como frágil, mas como objeto de seus proprietários, obrigada a trabalhar de modo que poderia ser visto como "masculino"[20].

Independentemente da perspectiva, no estereótipo construído para o sexo feminino assume-se que há um padrão masculino e branco, visto como universal[21]. A mulher é colocada como um nicho, uma identidade, tal qual, por exemplo, a identidade negra. E, nesse sentido, normas e políticas públicas construídas para o "homem médio" são exatamente isto o que seu nome descreve: adotam uma baliza masculina, que desconsidera as mulheres e as coloca como categoria identitária minoritária, ainda que representem mais da metade da população mundial.

Conforme aponta Caroline Criado Perez, a categoria "homem branco" representa também uma identidade, mas há tanto tempo apontada como padrão, que a sociedade se esquece de que esta é uma representação de apenas parcela da humanidade[22]. A autora aponta que até mesmo a medicina utiliza o masculino como padrão e a educação médica é focada no macho como o normal. As mulheres costumam, então, ser descritas como uma variação desse padrão.

Isso leva a um sistema de saúde que discrimina mulheres, que são comumente diagnosticadas erroneamente[23].

---

20. Idem, p. 19 a 24.
21. CRIADO PEREZ, Caroline. **Invisible Women***:* exposing data bias in a world designed for men. Londres: Chatto & Windus, 2019. p. 24.
22. Idem, p. 23. "The logical absurdity that identities exist only for those who happen not to be white or male. When you have been so used, as a white man, to white and male going without saying, it's understandable that you might forget that white and male is an identity too".
23. Idem, p. 195 e ss. "It begins with how doctors are trained. Historically it's been assumed that there wasn't anything fundamentally different between male and female bodies other than size and reproductive function, and so

Isso leva ao desenvolvimento de medicamentos que não levam em consideração o corpo feminino e, por isso, não tratam adequadamente as mulheres. Como exemplo, a autora aponta que a diabetes afeta homens e mulheres de forma particularmente diferente e que há um fator de risco maior para doença cardiovascular em mulheres. Apesar disso, as publicações científicas da área continuam, em sua maioria, desconsiderando o aspecto do sexo e adotando o masculino como padrão[24].

É nesse contexto que a teoria do impacto desproporcional tem sua aplicabilidade em relação às mulheres: enquanto apenas o homem e suas particularidades formarem o que é considerado como modelo na elaboração de normas e políticas públicas e empresariais, mulheres continuarão excluídas.

Em alguns casos, a solução pode ser simples. A colocação de biombos e telas para impedir que banca identificasse o sexo dos candidatos e, assim, permitir "audições cegas" nos testes para orquestras[25] fez com que, nos Estados Unidos, a contratação de mulheres passasse a representar cerca de cinquenta por cento dos novos músicos.

No entanto, para a maioria dos casos, o problema é mais complexo. A aplicação da teoria do impacto desproporcional pode significar uma alternativa para compreender esses problemas e, ainda que parcialmente, apresentar uma solução, conforme será detalhado nos capítulos seguintes.

---

for years medical education has been focused on a male norm, with everything that falls out outside that designated atypical or even abnormal.

24. Idem, p. 214 e 215.

25. GOLDIN, Claudia; ROUSE, Cecilia. Orchestrating Impartiality: The Impact of 'Blind'Auditions on Female Musicians. In: **American Economic Review**, 90 (4): 715-741, 2000.

Capítulo 2

TEORIA DO IMPACTO DESPROPORCIONAL

1. INTRODUÇÃO: DISCRIMINAÇÃO COMO ATO ISOLADO E COMO CONTEXTO SOCIAL

O enfrentamento de qualquer tipo de discriminação tem como primeiro óbice a sua identificação. Quando o racismo ou o sexismo ocorrem de modo explícito e isolado, os seus perpetradores podem ser punidos civil ou criminalmente, de modo individual. Isso assegura a reprimenda ao indivíduo que pratica o ato e, em alguma medida, os objetivos de prevenção geral e especial, desestimulando que aquela pessoa ou que outras pessoas pratiquem atos similares no futuro, com receio da reprimenda.

Contudo, essa solução é bem menos eficiente do que se pode, à primeira vista, supor. Primeiramente, os mecanismos sancionatórios só atuam depois que o direito foi violado, não para garantir a sua efetividade, o que contradiz a visão contemporânea do Direito e do processo como instrumentos de garantia de integralidade da proteção do sujeito, não apenas de reparação dos danos que lhe são causados[1].

---

1. O direito processual civil contemporâneo vem ressaltando que a garantia de direitos significa, antes de tudo, assegurar-se de que eles não sejam violados, não apenas que haja reparação após a violação. Nesse sentido,

Em segundo lugar, é difícil mensurar em que medida a punição a indivíduos que praticam atos discriminatórios é ou não eficiente para dissuadir outras pessoas, ou mesmo aquela que incorreu no ilícito, a se abster de praticar a conduta. Nesse sentido, a literatura especializada é divergente quanto a efetividade do efeito dissuasório derivado de sanções pretéritas, especialmente à luz de evidências da economia comportamental no sentido de que a decisão de praticar ou não praticar ilícitos é multicausal e não pode ser facilmente reconduzida a fatores singulares[2].

Em outras palavras, é difícil afirmar cientificamente que alguém praticou ou não praticou um crime ou ato ilícito porque a sanção antecipada superava ou não superava os benefícios esperados do ato, calibrado pela probabilidade de sua aplicação. Ainda que a teoria econômica da pena tenha realizado interessantes contribuições para o Direito[3], seus achados não podem ser superestimados. É certo que a racionalidade tem algum papel a desempenhar na decisão de delinquir, mas também parece apropriado concluir que outros aspectos comportamentais, não estritamente racionais, contribuem para a ocorrência de ilícitos.

De modo especial, a literatura que estuda o tema do preconceito e discriminação tem indicado que a maior parte dos atos que se enquadram nessas categorias são motivados por fatores inconscientes, irrefletidos. Isso significa que, embora existam pessoas conscientemente racistas e

---

MARINONI, Luiz Guilherme. **Tutela inibitória e tutela de remoção do ilícito.** 8.ed. São Paulo: RT, 2022. O Código de Processo Civil positivou esse pensamento em seu art. 497, parágrafo único.

2. Há uma revisão dessa literatura em HODGES, Christopher; VOET, Stephan. **Delivering collective redress.** Oxford: Hart, 2018.

3. BECKER, G. S. Crime and punishment: an economic approach. **Journal of Political Economy**, Chicago, v. 76, n. 2, p. 169-217, Mar.-Apr. 1968.

sexistas, a maioria dos indivíduos que pratica atos discriminatórios não o faz de forma preordenada, mas automática[4].

Como explica Jessica Nordell, não se sabe exatamente por quais razões alguém é preconceituoso, mas a ciência sempre se indagou por que as pessoas se dizem não racistas ou não sexistas em pesquisas, mas, quando confrontadas com situações específicas, agem de forma preconceituosa. Tradicionalmente, a explicação dessa discrepância foi que as pessoas mentiam nas pesquisas, mas essa era uma conclusão não passível de demonstração, já que não há como avaliar se alguém mentiu ou não, nem se o fez conscientemente ou não. Presentemente, as pesquisas têm indicado que a hipótese mais provável é que muitas pessoas, de fato, não se consideram preconceituosas, porque o agir preconceituoso é subconsciente, irrefletido.

Essa constatação não representa, como alerta a autora, uma justificativa para o comportamento preconceituoso. As pessoas continuam tendo o dever de tomar consciência dos seus preconceitos e agir contra eles[5]. Mas esse achado aponta que a simples ameaça de sanção não basta para resolver o problema dos atos praticados contra os grupos minoritários, uma vez que os seus perpetradores, de modo geral, não agem de forma totalmente racional e preordenada. Logo, conquanto punir seja importante, é improvável que a punição de quem pratica atos racistas ou sexistas seja suficiente para melhorar a situação geral desses grupos na sociedade[6].

---

4. Ver NORDELL, Jessica. The End of Bias: A Beginning - The Science and Practice of Overcoming Unconscious Bias. New York: Metropolitan Books, 2021, cap. 1.
5. Idem, ibidem.
6. No Brasil há indícios empíricos, embora não conclusivos, da afirmação contida no texto. Levantamento do Jornal Folha de São Paulo apontou que os crimes praticados contra a população LGBTQIA+ aumentaram após a decisão do Supremo Tribunal Federal de enquadrá-los como racismo, em 2019, nos autos da ADO 26. (Ver <https://www1.folha.uol.com.br/

A terceira limitação relativa à efetividade da sanção enquanto método de combate às práticas discriminatórias é que ela não endereça os efeitos sistêmicos do problema, nem permite que eles sejam compreendidos. Punir quem pratica atos racistas não explica por que a massa salarial das pessoas negras é inferior à das pessoas brancas, nem por que as mulheres são minoria no Poder Legislativo ou nos cargos gerenciais de empresas. Também não ajuda a resolver essas situações, já que as empresas e o Estado raramente discriminam pessoas específicas e, mesmo que o façam, como às vezes a imprensa ou o Judiciário identificam, essas situações não respondem pelo cenário geral.

O desafio, portanto, vai além da identificação e sanção de condutas específicas. É preciso encontrar ferramentas que permitam a identificação e o endereçamento de problemas sistêmicos, coletivos e, não raro, de difícil detecção, em especial, do ponto de vista do indivíduo.

A proposta deste segmento é abordar a teoria do impacto desproporcional e de que forma ela foi trabalhada, nos Estados Unidos, para resolver o problema da discriminação sistêmica.

---

cotidiano/2020/06/um-ano-apos-stf-criminalizar-homofobia-relatos-de-lgbtfobia-crescem-na-quarentena.shtml>. Acesso em 9 jan 23). A Secretaria de Estado de Segurança Pública do Mato Grosso, na mesma linha, apontou, em 2020, uma redução de 33% nos casos de homicídio, mas um aumento de 109% nas ocorrências em geral. (ver <http://www.sesp.mt.gov.br/-/16133045-homicidios-contra-comunidade-lgbt-reduzem-em-33-em-2020>. Acesso em 9 jan 23). É sempre difícil precisar se esse aumento deriva do maior número de fatos ou do crescimento do seu registro – as autoridades mato-grossenses, na matéria citada, atribuem o aumento a este segundo fator. Mas, se não é certo que houve aumento, não há qualquer evidência de que a decisão do STF, facilitando a imposição de sanções consideravelmente mais gravosas sobre os atos praticados contra esse grupo, tenha acarretado uma redução sistemática da violência social contra ele praticada.

2. ORIGEM E ESCOPO DA TEORIA DO IMPACTO DESPROPORCIONAL: O CASO *GRIGGS V. DUKE POWER CO.*

A teoria do impacto desproporcional (*disparate impact*) foi criada pela Suprema Corte dos Estados Unidos em 1971, no julgamento do caso Griggs v. Duke Power Co.[7] O caso trata da empresa Duke Power's Dan River Steam Station, a qual, nos anos 1950, sob o pálio da segregação racial então sancionada pela própria Suprema Corte, restringia a contratação de trabalhadores negros ao seu "labor department", a área incumbida de trabalhos braçais e com os menores salários. Em 1955, a empresa passou a exigir diploma de ensino médio ("high school") para a contratação em qualquer outro departamento que não fosse o "labor", mas se ofereceu para pagar dois terços das mensalidades dos empregados que não detivessem o grau respectivo. Havia, portanto, discriminação racial explícita na empresa, no período em que isso era permitido[8].

Exatamente no dia 2 de julho de 1965, data em que o Civil Rights Act passou a vigorar, a empresa adotou dois testes de performance cognitiva para acesso aos departamentos mais bem remunerados, adicionalmente ao requerimento de escolaridade. Em setembro do mesmo ano, a empresa passou a permitir que esses dois testes fossem utilizados alternativamente ao requisito de escolaridade.

O questionamento apresentado nos autos foi o de que esses três requisitos incidiam desproporcionalmente nos empregados negros. Naquele momento, de acordo com o que consta dos autos, 34% dos homens brancos do estado

---

7. 401 U.S. 424 (1971).

8. Constou da decisão da Suprema Corte: "The District Court found that, prior to July 2, 1965, the effective date of the Civil Rights Act of 1964, the Company openly discriminated on the basis of race in the hiring and assigning of employees at its Dan River plant".

tinham diploma de ensino médio, contra apenas 18% de negros. No caso dos testes escolhidos, a situação era ainda pior: 58% de aprovação dos brancos, contra apenas 6% dos negros.

Assim, os autores procuravam demonstrar que, embora requisitos de escolaridade e de aptidão intelectual sejam, em tese, racialmente neutros, naquele contexto específico eles teriam o efeito prático de impedir o acesso de pessoas negras às posições mais bem-remuneradas da empresa. Em tal cenário, o tribunal deveria abster-se de analisar se houve intenção discriminatória, condenando a empresa pelos efeitos derivados da política, ainda que não houvesse comprovação de que os dirigentes que aprovaram tais políticas pretendiam discriminar as pessoas negras[9].

Aqui há uma questão importante, peculiar ao direito norte-americano: esse caso não era fundado nas normas constitucionais contra a discriminação (equal protection clause), contidas na 5ª e 14ª Emendas à Constituição, mas sim em uma norma infraconstitucional federal, especificamente o Title VII do Civil Rights Act, no qual consta a proibição de conduta que "limite, segregue ou classifique os empregados ou candidatos a emprego de modo que prive ou tenda a privar qualquer indivíduo de oportunidades de emprego ou afete de modo adverso seu status como empregado, em razão da raça, cor, religião, sexo ou origem nacional desse indivíduo"[10]. Logo, Griggs não foi litigado nem

9. Sobre o histórico, ver BELTON, Robert. The Crusade for Equality in the Workplace: The Griggs v. Duke Power Story. Lawrence: University Press of Kansas, 2014, especialmente o capitulo 6.

10. 42 U.S. Code § 2000e–2 - Unlawful employment practices: "(a)Employer practices. It shall be an unlawful employment practice for an employer—(...) (2)to limit, segregate, or classify his employees or applicants for employment in any way which would deprive or tend to deprive any individual of employment opportunities or otherwise adversely affect his status as an

decidido como um caso de concretização de uma garantia constitucional abstrata, mas a discussão acerca dos limites da incidência de uma norma federal.

Griggs é parte de um contexto mais amplo. Dois anos antes, em Gaston County v. United States[11], a Suprema Corte já havia reconhecido que as diferenças educacionais derivadas da segregação racial pretérita eram relevantes e, com isso, impedido a realização de testes de domínio da língua escrita como requisito para o alistamento eleitoral. O fundamento foi o de que tais testes, apesar de aparentemente neutros, impediam o alistamento de mais eleitores negros do que de brancos, de modo que eles poderiam ser indiretamente reconduzíveis à raça do eleitor[12]. Griggs constrói seu raciocínio na mesma linha, mas com o objetivo de garantir a igualdade de empregabilidade.

A inserção de Griggs em um conjunto de outros processos não é coincidência. Tal como Brown v. Board of Education, Griggs é parte da estratégia de litigância do Legal Defense Fund (LDF) da National Association for the Advancement of Colored People (NAACP). Criada em 1909, a NAACP tornou-se uma das maiores associações civis do país e dedicou-se intensamente à promoção de medidas de igualdade racial, inclusive, mas não apenas, mediante ajuizamento de

---

employee, because of such individual's race, color, religion, sex, or national origin".

11. 395 U. S. 285 (1969).

12. "The Act's legislative history discloses that Congress was aware of the potential effect of unequal educational opportunities upon the right to vote when it designed the test suspension provisions, and it is appropriate in an action under § 4(a) for a court to consider whether a literacy or educational requirement has the "effect of denying the right to vote on account of race or color" because the State or subdivision seeking to impose the requirement has maintained separate and inferior schools for its Negro citizens who are now of voting age".

ações judiciais[13]. Essas ações, que podem ser caracterizadas como litigância estratégica[14], tinham como propósito construir precedentes que pudessem ser estendidos a outros casos e, com isso, combater as medidas de segregação em todas as suas frentes.

David Garrow[15] relata que Griggs faz parte de um conjunto de onze ações judiciais ajuizadas pelo LDF contra grandes empresas, apenas no estado da Carolina do Norte. Como, nos Estados Unidos, a legitimidade para o ajuizamento de class actions não é de associações, mas sim de alguma das vítimas da violação, a NAACP não consta como autora de nenhuma dessas ações. Mas ela foi a responsável, como narra Tushnet, pela organização da estratégia judicial, o recrutamento das pessoas que figurariam como autoras, o fornecimento de advogados e o financiamento de todas as despesas processuais, tudo a partir das contribuições associativas que recebia[16].

O primeiro desses casos foi a class action Brinkley v. Great Atlantic & Pacific Tea Co.[17], cuja petição inicial serviu de modelo para os casos subsequentes. A mesma equipe de advogados, coordenada por Julius Chambers, também

---

13. Ver Tushnet, Mark V. The NAACP's Legal Strategy against Segregated Education, 1925–1950. Chapel Hill: University of North Carolina Press, 1987; VITORELLI, Edilson. **O Devido Processo Legal Coletivo: dos direitos aos litígios coletivos.** 3. ed. São Paulo: RT, 2022, capítulo 4.

14. VITORELLI, Edilson. Levando os conceitos a sério: processo estrutural, processo coletivo, processo estratégico e suas diferenças. In: **Revista de Processo**, v. 284, p. 333-369, 2018.

15. GARROW, David. Toward a Definitive History of Griggs v. Duke Power Co. Vanderbilt Law Review, vol. 67, p. 197, 2014.

16. Tushnet, Mark V. The NAACP's Legal Strategy against Segregated Education, 1925–1950. Chapel Hill: University of North Carolina Press, 1987.

17. Conforme reporta Garrow, esse caso terminou rapidamente em acordo. Ver também GREENBERG, Jack. Crusaders in the courts: How a Dedicated Band of Lawyers Fought for the Civil Rights Revolution. New York: Basic Books, 1994.

trabalhou em Swann v. Charlotte-Mecklenburg Board of Education[18], o caso mais importante de dessegregação racial de escolas após Brown. Griggs foi iniciado logo na sequência, tendo como autores treze empregados negros da empresa de eletricidade[19].

O juízo de primeiro grau concluiu que não havia violação do Title VII porque não havia sido demonstrado intenção discriminatória nos atos da empresa. A decisão foi mantida pelo tribunal de apelações local, ao fundamento de que os testes foram aplicados de forma justa e equânime tanto a pessoas brancas quanto a pessoas negras. Nessa circunstância, a invalidação do método de recrutamento exigiria a demonstração de intenção discriminatória.

Todavia, a Suprema Corte, em decisão unânime, relatada pelo Chief Justice Burger, reverteu a decisão. A Corte entendeu que era incontroverso que os brancos eram mais bem sucedidos na satisfação dos requisitos que os negros e que "essas consequências parecem diretamente atribuíveis à raça", uma vez que os negros, em virtude das políticas segregacionistas das décadas anteriores, tinham acesso a instituições educacionais inferiores.

Dada essa constatação, o propósito das normas federais seria precisamente o de "remover barreiras que operaram no passado para favorecer um grupo identificável de empregados brancos em desfavor de outros empregados". Nesse sentido, práticas, procedimentos ou testes que são aparentemente neutros ou mesmo que são neutros em termos de conteúdo ou de intenção, não podem ser executados

18. 243 F. Supp. 667 (W.D.N.C. 1965).

19. Em detalhes, BELTON, Robert. **The Crusade for Equality in the Workplace**: The Griggs vs. Duke Power Story. Kansas City: University Press of Kansas, 2014.

se tiverem como efeito "congelar" a situação anterior[20]. A preocupação do julgado, como é notório, é impedir que as profundas reformas legislativas federais dos anos 1960 fossem frustradas por subterfúgios que, concretamente, anulassem os seus efeitos. Se não fosse mais possível segregar racialmente, mas fosse possível obter os mesmos resultados a partir de outros métodos lícitos, todo o esforço do "Civil Rights Movement" seria perdido[21].

A Corte de Griggs ponderou que o Title VII do Civil Rights Act não garantiu o direito de todas as pessoas a um emprego, independentemente das suas qualificações, mas apenas pretendeu eliminar restrições autoritárias. Por isso, a norma "proíbe não apenas discriminação aberta, mas também práticas que são justas na forma, mas discriminatórias na prática". A pedra de toque é a pertinência do requisito imposto pelo empregador para a função a ser desempenhada pelo empregado[22]. Se esse requisito for impertinente, ele

20. "The objective of Congress in the enactment of Title VII is plain from the language of the statute. It was to achieve equality of employment opportunities and remove barriers that have operated in the past to favor an identifiable group of white employees over other employees. Under the Act, practices, procedures, or tests neutral on their face, and even neutral in terms of intent, cannot be maintained if they operate to "freeze" the status quo of prior discriminatory employment practices".

21. Há, até hoje, um considerável debate, nos Estados Unidos, sobre essa derrota progressiva dos Civil Rights, em virtude de diversos fatores, inclusive da própria guinada conservadora pela qual a Suprema Corte passaria, nas décadas subsequentes. Ver, por exemplo, ROTHSTEIN, Richard. **The Color of Law**. New York: Liveright, 2017.

22. Consta da decisão de Griggs: "Congress has now provided that tests or criteria for employment or promotion may not provide equality of opportunity merely in the sense of the fabled offer of milk to the stork and the fox. On the contrary, Congress has now required that the posture and condition of the job seeker be taken into account. It has -- to resort again to the fable -- provided that the vessel in which the milk is proffered be one all seekers can use. The Act proscribes not only overt discrimination, but also practices that are fair in form, but discriminatory in operation. The touchstone is

poderá ser considerado discriminatório, ainda que não se demonstre que tal efeito é intencional.

No caso de Griggs, o próprio vice-presidente da empresa havia testemunhado que a adoção dos requisitos estava fundada na impressão de que eles melhorariam a qualidade geral do trabalho, mas nenhum estudo tinha sido feito no sentido de que a escolaridade ou os testes poderiam, de fato, contribuir com as funções daqueles setores da empresa enfocados na controvérsia. Por essa razão, "boas intenções ou a ausência de propósito discriminatório não redimem procedimentos ou testes que operam como 'ventos contrários permanentes' para grupos minoritários e são desconectados da mensuração da capacidade laboral"[23].

Em síntese, não se pode confundir impacto desproporcional (disparate impact) com tratamento desproporcional (disparate treatment). Esta expressão é utilizada para caracterizar práticas que são intencionalmente discriminatórias contra determinados grupos de pessoas durante um processo de seleção. Seria o caso, por exemplo, de vagas exclusivas para homens. Por outro lado, o impacto desproporcional permite a análise de situações em que a exigência é, em si mesma, neutra, mas capaz de provocar, na realidade, a exclusão mais acentuada das pessoas pertencentes a um grupo, ainda que algumas dessas pessoas sejam capazes de superar o obstáculo.

---

business necessity. If an employment practice which operates to exclude Negroes cannot be shown to be related to job performance, the practice is prohibited".

23. "We do not suggest that either the District Court or the Court of Appeals erred in examining the employer's intent; but good intent or absence of discriminatory intent does not redeem employment procedures or testing mechanisms that operate as "built-in headwinds" for minority groups and are unrelated to measuring job capability".

Logo, o tratamento desproporcional corresponde ao que a Suprema Corte denomina também "discriminação prima facie", que sequer exige análise de impacto, como afirmado em Albemarle Paper Co. v. Moody, a discussão sobre impacto desproporcional só passa a ser relevante depois que fica demonstrada a inexistência de discriminação direta[24].

Nesse sentido, o fato de um ou alguns negros serem bem-sucedidos na prova proposta pela empresa é irrelevante. Ou ainda, não importa que a prova, em si, nada tenha a ver com raça. O que interessa é que o teste, no contexto em que foi desenvolvido, seja capaz de, concretamente, acarretar resultados piores para pessoas negras do que para pessoas brancas. É igualmente irrelevante definir se a culpa por esse impacto desproporcional é ou não da empresa, bem como se ela desejava ou não que ele ocorresse. O fator essencial é apenas que esteja demonstrada a ocorrência do efeito discriminatório e que não haja uma razão legítima, do ponto de vista do negócio, para que a exigência da qual esse efeito decorre faça parte do processo seletivo.

De acordo com Vitorelli, a aplicação da teoria do impacto desproporcional permite que se constatem violações ao princípio da igualdade quando os efeitos práticos de determinadas normas, de caráter prima facie neutro, causem dano excessivo, ainda que não intencional, aos integrantes de grupos vulneráveis[25].

---

24. "This burden arises, of course, only after the complaining party or class has made out a prima facie case of discrimination, i.e., has shown that the tests in question select applicants for hire or promotion in a racial pattern significantly different from that of the pool of applicants".

25. VITORELLI, Edilson. **Estatuto da igualdade racial e comunidades quilombolas:** Lei nº 12.228/2010 e Decreto nº 4887/2003. Salvador: Juspodivm, 2012. p. 78.

Em síntese, o caminho analítico proposto pela Suprema Corte é o seguinte: em primeiro lugar, verifica-se se há discriminação direta (disparate treatment) entre os membros do grupo minoritário e os demais empregados. Por exemplo, se alguma exigência feita a eles não é feita aos demais. Caso não seja esse o caso, passa-se ao estudo do impacto desproporcional. Em termos probatórios, compete ao empregador demonstrar que que a exigência de contratação tem relação com o trabalho que será desempenhado, ou seja, é compatível com as necessidades do negócio que ele conduz. Caso ele se desincumba desse ônus, a exigência será considerada lícita, a menos que o autor demonstre que a mesma necessidade da empresa poderia ser atendida pela aplicação de outro teste, o qual não acarretaria impactos desproporcionais similares.

Se essa construção for pensada em termos das regras de ônus da prova vigentes no Brasil, a situação seria a seguinte: o autor tem o ônus de demonstrar a existência de uma exigência de contratação de pessoal, feita pelo réu, que impacta desproporcionalmente sobre o grupo minoritário, fazendo com que menos pessoas desse grupo sejam selecionadas para o cargo. Esse seria o fato constitutivo do direito. O réu tem o ônus de provar que a exigência é feita a todos os empregados e é necessária às atividades da empresa (business necessity), porque é preditiva de qualidades que serão importantes para a função. Caso essa defesa seja apresentada, o autor pode desconstitui-la se conseguir demonstrar que seria possível medir as mesmas habilidades de outra forma, a qual não acarretaria impacto desproporcional. Nesse último caso, se há outro meio para alcançar o mesmo propósito, o teste aplicado pelo empregador seria apenas um pretexto para discriminação.

3. REPERCUSSÕES SUBSEQUENTES A GRIGGS: O PROBLEMA DOS PARÂMETROS

Conforme narra David Garrow[26], Griggs não foi um dos casos mais noticiados no momento em que a decisão foi tomada. Contudo, a comunidade jurídica rapidamente perceberia a sua importância. Em uma entrevista sobre as decisões da Suprema Corte no ano anterior, o próprio presidente, Justice Burger, que foi o responsável pela redação do acórdão, apontou o caso como um dos mais importantes daquele período. Em pouco tempo, a atenção da literatura especializada endossaria essa indicação. Alfred W. Blumrosen, por exemplo, escreveu que "poucas decisões no nosso tempo – talvez somente Brown v. Board of Education – tiveram tantas repercussões sociais[27].

O problema com a decisão de Griggs, no entanto, já estava presente desde o seu texto original: os parâmetros não são claros, padecendo de uma dupla indeterminação, tanto do lado da vedação que a decisão pretende impor, como regra, quanto da autorização que viabiliza, como exceção.

No que tange à regra, são proibidas decisões que impliquem impacto desproporcional sobre o grupo minoritário. Porém, é preciso definir quando uma prática tem ou não tem impacto suficientemente desproporcional para atrair a proibição, bem como demonstrar o nexo de causalidade entre a exigência e o impacto verificado.

Do lado da exceção, Griggs permite exigências de recrutamento que acarretem impacto desproporcional, desde que relacionadas às exigências da atividade a ser desenvolvida

---

26. GARROW, David. Toward a Definitive History of Griggs v. Duke Power Co. Vanderbilt Law Review, vol. 67, p. 197, 2014.
27. BLUMROSEN, Alfred W. The Legacy of Griggs: Social Progress and Subjective Judgments. Chicago-Kent Law Review, vol. 63, p. 1, 1987.

pelo empregado. Essa disposição cria o problema de definir quando uma exigência pode ser suficientemente relacionada com as atividades inerentes ao cargo para autorizar a sua utilização, ainda que causadora do impacto sobre o grupo minoritário. Com isso, o mérito tanto da causa de pedir do autor, quanto da defesa do réu – conhecida como "business necessity" - são difíceis de antecipar.

Em 1971, um comitê de profissionais reunidos pelo estado da Califórnia estabeleceu o padrão "80%". Medidas de contratação de pessoal que indicassem uma disparidade superior a 20% na taxa de contratação de um determinado grupo seriam consideradas suspeitas e mereceriam investigação[28]. Esse parâmetro acabou sendo adotado nacionalmente nas Uniform Guidelines on Employee Selection Procedures, documento editado em 1978 pela U.S. Equal Employment Opportunity Commission (EEOC)[29].

As críticas, no entanto, são evidentes. Embora a falha no teste não signifique uma reprovação automática da política de contratações da empresa, mas apenas uma indicação de investigação (*red flag*), os seus parâmetros são aleatórios, a começar pela adoção do percentual de 80%. Com isso, esse teste acabou sendo abandonado com o tempo e, em 2007, a U.S. Equal Employment Opportunities Commission propôs que o teste deveria ser a disparidade entre o resultado do processo seletivo realizado pela empresa e o resultado que teria sido alcançado se ela tivesse contratado candidatos aleatoriamente. Assim, se os procedimentos de uma

---

28. O teste era feito da seguinte forma: se, para cada 100 homens candidatos a um emprego, 50 fossem contratados, enquanto, para cada 100 mulheres, apenas 20 fossem contratadas, isso significaria que a taxa de contratação das mulheres seria 40% da taxa de contratação dos homens, o que é bastante inferior aos 80% que o teste exigiria.

29. Sobre o tema, ver, extensamente, BIDDLE, Dan. **Adverse Impact and Test Validation**: a Practitioner's Guide to Valid and Defensible Employment Testing. Aldershot: Gower Technical Press., 2006.

empresa tornassem mais difícil a contratação de um grupo específico do que seria estatisticamente esperado, ele passaria a ser suspeito.

Mais recentemente, os tribunais americanos passaram a adotar testes mais minuciosos e relacionados às circunstâncias do caso, ao notar que diferenças que parecem estatisticamente pequenas podem ter "significância prática" em determinadas circunstâncias.

A própria Suprema Corte debateu esse ponto em mais de um caso, ora adotando standards probatórios mais rigorosos, ora mais suaves. Em Dothard v. Rawlinson[30], de 1977, firmou-se o dever de o empregador comprovar que qualquer exigência relativa a contratações tem "uma relação manifesta com o emprego em questão"[31]. Em Albemarle Paper Co. v. Moody[32], a Corte afirmou que testes de contratação e de desempenho profissional que acarretem impactos desproporcionais podem ser utilizados apenas se for demonstrado, por métodos cientificamente aceitos, que eles são preditivos ou significativamente correlatos a alguma característica de comportamento laboral desejável ou que seja relevante para a função em questão.

Em Albemarle, um grupo de empregados negros reclamava contra a empresa que os contratou por não terem tido iguais oportunidades de promoção ao longo das suas carreiras, ficando presos em ocupações de baixa remuneração. A Suprema Corte determinou, inicialmente, que a ausência de demonstração de má-fé no estabelecimento da exigência não é motivo bastante para isentar o réu das consequências

30. 433 U.S. 321 (1977).

31. Esse caso trata especificamente de questão de discriminação em razão do sexo, que é o foco deste trabalho, motivo pelo qual será retomado, com mais detalhes, em capítulo subsequente.

32. 422 US 405 (1975).

de seu comportamento discriminatório, inclusive o pagamento de valores salariais retroativos.

No que tange aos testes aplicados pela empresa, a Corte os considerou ilícitos por diversas razões, em especial pela sua falta de correlação com as atividades desempenhadas pelos trabalhadores. A defesa buscou validar os testes realizando uma perícia quanto a pertinência do teste às habilidades do cargo, mas a Suprema Corte apontou que as mesmas provas eram aplicadas a trabalhadores sem experiência, impedindo que se considerasse a sua pertinência também para os novatos. Há, para os padrões das decisões da Suprema Corte, uma discussão bastante longa sobre o tipo de exame aplicado e a sua pertinência para a situação.

Tanto Dothard quanto Albermarle indicam uma nova fase na análise da pertinência de requisitos de contratação: a avaliação pericial. Esta, embora permita consideração mais ampla de nuances relacionadas a cada caso, tem a desvantagem de tornar a análise cada vez mais complexa e distanciada dos debates que as partes são capazes de compreender e contribuir. Parte-se para o mundo dos experts, o qual, não raro, redunda em uma "guerra de laudos", com cada parte apresentando manifestações de peritos favoráveis ao seu posicionamento.

Em Albermarle, a própria Suprema Corte faz uma série de considerações sobre a prova pericial produzida nos autos, para considerá-la insuficiente para validar o teste aplicado pela empresa. Há uma ampla revisão dos fatos, a partir da decisão recorrida, para definir se havia demonstração, "por métodos profissionalmente aceitáveis", da correlação entre o teste e as funções do emprego. Na decisão, a Corte apontou que o teste de validação, apresentado pela empresa, seria falho em diversos aspectos, tendo como parâmetro um conjunto de Guidelines que a U.S. Equal Employment Opportunity Commission (EEOC) já havia publicado, especificamente com a finalidade de orientar empregadores sobre quais exigências seriam aceitáveis ou não. Nas palavras da Corte, essa interpretação administrativa da norma legal seria "merecedora de grande deferência".

Em linha similar, a Suprema Corte da Califórnia, em Craig v. County of Los Angeles[33] criou um teste em três etapas para permitir a verificação acerca da pertinência de métodos de contratação. Primeiro, o empregador deve especificar qual é a característica ou atributo que o processo seletivo pretende identificar ou medir; depois, ele deve demonstrar que aquela característica é relevante para o emprego em questão e, por fim, deve demonstrar, por métodos profissionalmente aceitáveis (o que implicará algum grau de prova técnica), que o método de seleção utilizado está suficientemente relacionado com a identificação dessa característica[34].

É claro que, por muito que essa metodologia organize um pouco o raciocínio destinado à apuração e eventual justificação do método apontado como causador do impacto desproporcional, ela tem suas imperfeições. Notadamente, o conteúdo de cada uma das etapas permanece subjetivo e sujeito a uma série de implicações decorrentes da natureza do caso. De todo modo, essas medidas ainda parecem mais apropriadas que a alternativa, que é o estabelecimento de percentuais arbitrários.

As bases da ideia estão, portanto, estabelecidas: se uma política de contratação tiver como resultado a exclusão de um grupo, pouco importa se de modo intencional ou não, implícito ou explícito, ela será considerada suspeita, cabendo ao empregador o ônus de demonstrar que a restrição é justificável em razão das exigências da própria atividade.

---

33. Craig v. County of Los Angeles, 626 F.2d 659, 662 (9th Cir. 1980).
34. O mesmo entendimento foi aplicado em casos subsequentes, tais como Contreras v. City of Los Angeles (656 F.2d 1267, 9th Cir. 1981).

Ainda que seja justificável, o grupo que a impugna continua tendo a prerrogativa de demonstrar que a característica que o contratante pretende aferir poderia ser medida de outra maneira, sem acarretar o mesmo impacto.

Permanecem sujeitas a controvérsia, nesse universo, basicamente três questões: a) qual é o ponto a partir do qual uma seleção ou grupo de contratados passa a indicar impacto desproporcional, isto é, qual é o percentual de presença ou ausência de um grupo que compromete a seleção; b) o nexo de causalidade entre uma determinada exigência e a exclusão do grupo; e c) quais circunstâncias e peculiaridades do emprego são suficientes para justificar uma exigência que seja apontada como ensejadora do impacto sobre o grupo.

Em grande medida, a resposta a esses três problemas é casuística. Isso implica riscos e insegurança, tanto para os empresários contratantes, quanto para os grupos minoritários, potencialmente excluídos, sem motivo razoável, de disputar em igualdade de condições os empregos que gostariam de ocupar.

4. O IMPACTO DESPROPORCIONAL NA ÁREA DA EDUCAÇÃO

A teoria do impacto desproporcional obteve, como relatado, boa recepção no âmbito das relações de emprego, em virtude da disposição específica do Title VII do Civil Rights Act, especificamente voltado para essa situação. Todavia, a teoria também foi aplicada em outros contextos, com requisitos e características ligeiramente distintos.

Em Lau v. Nichols[35], decisão de 1974, a Suprema Corte analisou o caso da integração das crianças chinesas ao

35. 414 U.S. 563 (1974).

sistema escolar geral, como resultado da decisão anterior de Lee v. Johnson, que teve, em relação a esse grupo, o mesmo impacto de Brown v. Board of Education. O problema é que, uma vez integradas, essas crianças não tinham proficiência em inglês suficiente para acompanhar as aulas e muitas delas acabavam tendo maus resultados ou repetindo os anos. No processo, pleiteava-se o oferecimento de aulas adicionais de inglês a essas crianças, as quais o distrito escolar negava, ao argumento de que tratava todos os estudantes igualmente.

A Suprema Corte decidiu que o não oferecimento das aulas de reforço impactava desproporcionalmente os alunos chineses e, unanimemente, deu provimento ao pedido para que o distrito escolar fosse obrigado a prover a disciplina. No entanto, assim como ocorreu em Griggs, o fundamento da decisão não foi constitucional, mas o Civil Rights Act de 1964. Como o sistema escolar recebia verbas federais, o Civil Rights Act exige como contrapartida a oferta de tratamento igualitário. Na visão da Corte, esse tratamento igualitário inclui a adequada consideração com a diferença linguística, para que essas pessoas pudessem ter acesso concreto à educação.

Assim, embora o caso tenha importante impacto em relação ao direito à educação, a Corte expressamente ressaltou que não estava fundando a decisão no texto constitucional[36]. Essa estratégia argumentativa restringe o alcance da decisão enquanto precedente para outros casos que,

36. "Basic English skills are at the very core of what these public schools teach. Imposition of a requirement that, before a child can effectively participate in the educational program, he must already have acquired those basic skills is to make a mockery of public education. We know that those who do not understand English are certain to find their classroom experiences wholly incomprehensible and in no way meaningful".

embora análogos do ponto de vista do grupo impactado, não se submetam à mesma disciplina legislativa em termos de financiamento federal do serviço.

Por outro lado, a decisão tem o importante mérito de permitir que a tutela jurisdicional tenha sido garantida sem que fosse necessário comprovar a intenção discriminatória por parte das autoridades encarregadas da política, na linha dos fundamentos firmados em Griggs.

Além disso, a decisão estendeu a teoria do impacto desproporcional para um novo universo, indo além das relações de emprego que a inspirara originalmente. Em 1974, o Congresso norte-americano aprovou o Equal Educational Opportunities Act, exigindo que os distritos escolares adotassem políticas ativas para superar as barreiras ao acesso efetivo à educação. Essa norma baniu a política "sink or swim", que partia da premissa de uma igualdade abstrata entre os estudantes.

Apesar de tudo, a tendência mais restritiva à aplicação da teoria do impacto desproporcional se manifestou em decisões mais recentes. Em Alexander v. Sandoval[37], decisão de 2001, a Suprema Corte afirmou que o título 601 do Civil Rights Act, o mesmo utilizado em Lau, proíbe apenas discriminação intencional, não atos que provoquem impacto desproporcional. Apesar de Sandoval ter como fundamento principal uma discussão de legitimidade ativa, a decisão refere que alunos não podem processar as escolas por impacto desproporcional, sem demonstração de intenção discriminatória.

We do not reach the Equal Protection Clause argument which has been advanced, but rely solely on § 601 of the Civil Rights Act of 1964, 42 U.S.C. § 2000d, to reverse the Court of Appeals".

37. 532 U.S. 275 (2001).

5. WASHINGTON V. DAVIS: A CONSTITUIÇÃO E O IMPACTO DESPROPORCIONAL

Washington v. Davis[38] é o grande caso relativo a impacto desproporcional após Griggs. No caso, dois candidatos a policiais em Washington afirmavam que a sua reprovação em um teste de habilidades verbais era discriminatória, por reprovar predominantemente pessoas negras. O argumento aqui incluía não apenas o Title VII do Civil Rights Act, mas também a garantia constitucional de equal protection[39].

Contrariando as expectativas, a Suprema Corte entendeu, por maioria, que uma lei ou ato administrativo não é inconstitucional apenas em virtude do seu impacto desproporcional em termos raciais. Por essa razão, o autor teria que comprovar a intenção discriminatória por parte do departamento de polícia. A desproporcionalidade do impacto não é irrelevante, mas seria "a única pedra de toque" para definir um ato como discriminatório, à luz da Constituição.

A aplicação do Title VII ao caso seria inapropriada porque a norma, por expressa disposição, não se aplica a entes governamentais, de modo que essa extensão dependeria de alteração legislativa, não de iniciativa judicial[40]. Assim,

38. 426 U.S. 229 (1976).

39. A pretensão foi fundada na Quinta Emenda, não na Décima Quarta, porque Washington é um território federal, não um estado e a Décima Quarta Emenda é aplicável apenas aos estados. Isso faz com que o fundamento do caso seja a garantia do devido processo legal, uma vez que a equal protection está expressamente contida apenas na 14ª Emenda. De todo modo, a compreensão da Suprema Corte, a partir de Bolling v. Sharpe é a de que a 5ª Emenda contempla uma garantia implícita de equal protection, derivada do devido processo. Assim, os dois argumentos acabam derivando para o mesmo resultado.

40. Consta do Title VII do Civil Rights Act: "[Section 701] (...) (b) The term "employer" means a person engaged in an industry affecting commerce who has fifteen or more employees for each working day in each of twenty or more calendar weeks in the current or preceding calendar year, and any

Feeney é um caso difícil, porque envolve um conflito entre dois grupos minoritários e vulnerabilizados. Embora a questão específica de gênero, implicada no caso, vá ser retomada em detalhes no capítulo 3, o problema do julgado, no momento, é o aprofundamento da exigência de intenção discriminatória, que é de difícil comprovação. Afirmou a Corte:

> Seria hipocrisia afirmar que as consequências adversas dessa legislação para as mulheres são não intencionais, no sentido de que elas não são voluntárias ou no sentido de que elas não são previsíveis, no entanto, "propósito discriminatório" implica mais do que intenção enquanto vontade, ou intenção enquanto ciência das consequências; implica que quem tomou a decisão selecionou um reafirmou um particular modo de agir pelo menos em parte "porque", e não apenas "apesar de", ele tem impacto adverso sobre um grupo identificável.

O problema evidente dessa linha de raciocínio é a sua dificuldade de demonstração. Como apontou o Justice Marshall, em seu voto vencido, as intenções de uma norma ou política pública dificilmente são unívocas e dificilmente são acessíveis, do ponto de vista subjetivo. Então, é preciso considerar aquilo que a norma produz enquanto resultado para inferir o seu intento[44]. O propósito da norma, então, deve ser definido a partir dos resultados que ela produz, não por meio de uma investigação subjetiva dos propósitos de quem a aprovou. Isso se faz pela avaliação da previsibilidade e inevitabilidade dos impactos desproporcionais derivados da disposição. Como apenas 2% dos veteranos são mulheres e a norma atribuiu aos veteranos uma vantagem considerável na concorrência aos cargos públicos, não há como negar

44. "Moreover, since reliable evidence of subjective intentions is seldom obtainable, resort to inference based on objective factors is generally unavoidable".

que a norma diferencia homens e mulheres, para além de diferenciar veteranos e não veteranos[45]. Em um contexto de tamanha desproporção, afirmou o voto vencido, deveria caber ao Estado, não aos autores, a demonstração de que o sexo não teve influência sobre o desenho dessa escolha legislativa. No entanto, essas razões não foram acolhidas pela maioria.

Essas decisões foram vistas como um retrocesso por parte da Corte, especialmente dada a justificação, contida em Davis, de que não se negava a ocorrência de impacto desproporcional a grupos minoritários nessas situações, mas sim que o reconhecimento de uma garantia constitucional quanto a esse aspecto "seria aplicável a uma série de questões tributárias, de benefícios assistenciais, regulatórias, de serviços e autorizações públicas". Em vez de buscar construir a solução para toda essa ampla gama de questões, a Corte optou, ironicamente, por endurecer os requisitos para o reconhecimento do impacto desproporcional[46].

---

45. "In the instant case, the impact of the Massachusetts statute on women is undisputed. Any veteran with a passing grade on the civil service exam must be placed ahead of a nonveteran, regardless of their respective scores. The District Court found that, as a practical matter, this preference supplants test results as the determinant of upper level civil service appointments. Because less than 2% of the women in Massachusetts are veterans, the absolute preference formula has rendered desirable state civil service employment an almost exclusively male prerogative.

    As the District Court recognized, this consequence follows foreseeably, indeed inexorably, from the long history of policies severely limiting women's participation in the military. Although neutral in form, the statute is anything but neutral in application. It inescapably reserves a major sector of public employment to "an already established class which, as a matter of historical fact, is 98% male." Where the foreseeable impact of a facially neutral policy is so disproportionate, the burden should rest on the State to establish that sex-based considerations played no part in the choice of the particular legislative scheme".

46. Ver SPANN, Girardau A. Race Against the Court. New York: New York University Press, 1994.

6. RESTRIÇÕES À APLICAÇÃO DA TEORIA DO IMPACTO DESPROPORCIONAL NOS ANOS 1970 E 1980

A expressa retirada do impacto desproporcional da esfera de ação da garantia constitucional da equal protection gerou efeitos em diversos outros casos, exigindo a demonstração de intenção discriminatória na conduta em si. Em Mobile v. Bolden[47], a Corte manteve uma norma do Alabama que dificultava a participação de candidatos negros nas eleições, ao argumento de que não havia comprovação de intenção discriminatória[48].

Em McCleskey v. Kemp[49], a Suprema Corte entendeu que o fato de a pena de morte no estado da Georgia incidir desproporcionalmente sobre indivíduos negros que praticam crimes contra vítimas brancas não seria suficiente para invalidar as normas que a preveem, nem para determinar a suspensão de uma execução específica, ausente a comprovação de propósito discriminatório.

Mesmo na esfera trabalhista, o impacto de Washington v. Davis foi amplificado por outras decisões dos anos 1970 e, especialmente, no fim dos anos 1980, quando a Corte, agora sob a presidência do Justice Rehnquist, consolidou uma maioria conservadora[50]. Por exemplo, em Wards Cove

47. 446 U.S. 55 (1980).

48. Curiosamente, após o julgamento da Suprema Corte, o caso teve uma virada inesperada. Foi descoberta uma carta em que agentes políticos da cidade de Mobile expressamente admitiam que havia intenção discriminatória na mudança do sistema eleitoral. Isso gerou diversas mudanças que permitiram que negros e mulheres finalmente fossem eleitos na cidade. Há um relatório completo em https://web.archive.org/web/20200924102059/http://www.protectcivilrights.org/pdf/voting/AlabamaVRA.pdf. Acesso em 13.6.22.

49. 481 U.S. 279 (1987).

50. Apenas no final dos anos 80, destacam-se Patterson v. McLean Credit Union, 491 U.S. 164 (1989); Wards Cove Packing Co. v. Atonio, 490 U.S. 642

Packing Co. v. Atonio[51], a Corte entendeu que uma ação alegando impacto desproporcional nas condições de trabalho deveria demonstrar qual é a política ou o requisito específico que, isoladamente, acarreta esse impacto. A diferença na composição racial das pessoas contratadas para uma determinada função, por si só, não seria suficiente para indicar o impacto desproporcional dos métodos de contratação sobre os não contratados.

Essas decisões mais restritivas geraram tanta controvérsia que impulsionaram uma reação pela via legislativa, com a aprovação, em 1991, de uma ampla emenda ao Civil Rights Act, com o aberto propósito de repelir algumas das posições da Corte[52]. O Civil Rights Act de 1991 é a primeira grande alteração legislativa promovida desde 1964 e, dentre os seus dispositivos relevantes, ele positiva, em texto legal, os parâmetros da teoria do impacto desproporcional.

(1989); Price Waterhouse v. Hopkins, 490 U.S. 228 (1989); Martin v. Wilks, 490 U.S. 755 (1989). Este último caso também teve um impacto relevante sobre as class actions, que foi analisado por diversos autores e, no Brasil, por VITORELLI, Edilson. O devido processo legal coletivo: dos direitos aos litígios coletivos. 3.ed. São Paulo: RT, 2022, capítulo 5.

51. 490 U.S. 642 (1989).

52. Constou do texto legal da modificação promovida em 1991:

"The purposes of this Act are to provide appropriate remedies for intentional discrimination and unlawful harassment in the workplace;to codify the concepts of "business necessity" and "job related" enunciated by the Supreme Court in Griggs v. Duke Power Co., 401 U.S. 424 (1971), and in the other Supreme Court decisions prior to Wards Cove Packing Co. v. Atonio, 490 U.S. 642 (1989); to confirm statutory authority and provide statutory guidelines for the adjudication of disparate impact suits under title VII of the Civil Rights Act of 1964 (42 U.S.C. § 2000e et seq.); and to respond to recent decisions of the Supreme Court by expanding the scope of relevant civil rights statutes in order to provide adequate protection to victims of discrimination.

7. O CIVIL RIGHTS ACT DE 1991 E A POSITIVAÇÃO DA TEORIA DO IMPACTO DESPROPORCIONAL

As decisões da Suprema Corte, ao longo dos anos 1980, realçaram o papel da intenção discriminatória como elemento essencial à caracterização de uma prática como ilícita. Ainda que o resultado de uma conduta seja o de excluir determinado grupo de um emprego ou acesso a um benefício, esse resultado, por si só, passou a não bastar. O caminho desde Griggs, portanto, é acidentado e não se apresenta como uma evolução linear em defesa dos grupos minoritários.

Em 1991, o Congresso norte-americano aprovou um novo Civil Rights Act, promovendo diversas alterações nas normas anteriores, tendo como um de seus propósitos centrais a disciplina do impacto desproporcional. A norma passa a dispor que é ônus do autor demonstrar quais são as práticas do réu que causam impacto desproporcional sobre um grupo minoritário e é ônus do réu demonstrar que aquelas práticas têm relação com as necessidades do seu empreendimento[53]. A discriminação intencional foi tratada de modo

53. SEC. 105. BURDEN OF PROOF IN DISPARATE IMPACT CASES.

(a) Section 703 of the Civil Rights Act of 1964 (42 U.S.C. 2000e-2) is amended by adding at the end the following new subsection:

(1) An unlawful employment practice based on disparate impact is established under this title only if:

(i) a complaining party demonstrates that a respondent uses a particular employment practice that causes a disparate impact on the basis of race, color, religion, sex, or national origin and the respondent fails to demonstrate that the challenged practice is job related for the position in question and consistent with business necessity; or

(ii) the complaining party makes the demonstration described in subparagraph (C) with respect to an alternative employment practice and the respondent refuses to adopt such alternative employment practice".

separado e não pode ser justificada por necessidades do negócio[54].

O ônus de demonstrar exatamente qual é a prática que causa impacto desproporcional foi mantido para o autor, mas abriu-se a exceção de que essa regra pode ser afastada quando as diversas práticas não são passíveis de análise em separado. Nesse caso, a norma passa a permitir que o processo decisório como um todo seja analisado como se fosse uma prática[55]. Passou a haver também proibição específica contra o uso discriminatório de resultados de testes, estabelecendo notas específicas para grupos diferentes[56].

Adicionalmente, ainda que o empregador consiga demonstrar que aquela exigência está relacionada às suas necessidades negociais, o autor pode prevalecer se provar que essa mesma necessidade poderia ser atendida por outra prática, disponível e recusada pela empresa, que teria menos impacto desproporcional. Assim, o empregador deve: a) abster-se de praticar ações diretamente discriminatórias; b) abster-se de adotar práticas que, conquanto *prima facie* neutras, acabem causando impactos desproporcionais sobre grupos minoritários, a menos que essas práticas sejam

---

54. (2) A demonstration that an employment practice is required by business necessity may not be used as a defense against a claim of intentional discrimination under this title.

55. "(B)(i) With respect to demonstrating that a particular employment practice causes a disparate impact as described in subparagraph (A)(i), the complaining party shall demonstrate that each particular challenged employment practice causes a disparate impact, except that if the complaining party can demonstrate to the court that the elements of a respondent's decisionmaking process are not capable of separation for analysis, the decisionmaking process may be analyzed as one employment practice".

56. "(l) It shall be an unlawful employment practice for a respondent, in connection with the selection or referral of applicants or candidates for employment or promotion, to adjust the scores of, use different cutoff scores for, or otherwise alter the results of, employment related tests on the basis of race, color, religion, sex, or national origin.".

objetivamente justificáveis por peculiaridades do seu negócio e, c) adotar práticas que tenham o menor impacto desproporcional possível, entre aquelas disponíveis.

Apesar disso, há referências de que o número de processos efetivamente ajuizados com o argumento de impacto desproporcional é reduzido e eles são, como regra, vencidos pelos empregadores[57]. Isso se deve, provavelmente, às controvérsias que derivam da aplicação dos standards de verificação e, de modo especial, do caso Ricci v. DeStefano, que será abordado a seguir.

8. RICCI V. DESTEFANO E AS CONTROVÉRSIAS DA TEORIA DO IMPACTO DESPROPORCIONAL

Como demonstrado, a teoria do impacto desproporcional tem um histórico acidentado. Por mais que seja interessante, do ponto de vista dos direitos das minorias, proibir condutas que, apesar de aparentemente neutras, acarretam impacto desproporcional, a aplicação prática da teoria, fora de exemplos teóricos e simplificados, é muito difícil, por diversas razões já listadas.

57. WAX, Amy L. **The Dead End of "Disparate Impact"**. National Affairs, n. 51, 2012, disponível em <https://www. nationalaffairs.com/publications/detail/the-dead-end-of-disparate-impact>: "Although few disparate-impact lawsuits are actually filed, and though defendants win most of those that are, the specter of disparate-impact lawsuits nonetheless dangles like a Sword of Damocles over employers' heads. The prospect of onerous, unpredictable, and protracted litigation provides employers with a strong incentive to find some way to avoid being sued. One temptation is to satisfy diversity targets by relaxing personnel-selection standards across the board. Firms can also switch to more haphazard staffing methods that tend to obscure informal affirmative action or other race-conscious practices. Some of these tactics pose the risk of yielding a less effective work force, while others (such as the use of race-based criteria) are legally suspect or even expressly forbidden under Title VII".

Sinteticamente, é difícil definir quando uma prática tem ou não impacto desproporcional sobre um grupo, é complexo mapear as causas da desproporcionalidade e não é simples estabelecer em que medida esses requisitos estão ou não relacionados a uma prática justificada pelas atividades para as quais a prática é voltada.

De modo geral, o problema é que nenhuma dessas variáveis é facilmente mensurável. A seleção de pessoas para uma determinada função, para uma promoção ou a definição de requisitos para uma política, tende a ser multifatorial. Ainda que se verifique um resultado que denote a exclusão de um grupo em uma situação, sempre será difícil singularizar se a causa do resultado pode ser reconduzida a uma característica peculiar ao grupo, que seria irrelevante para a função e, portanto, implicaria uma discriminação reprovável.

O caso que causou maior controvérsia sobre a questão é Ricci v. DeStefano[58]. O corpo de bombeiros de New Haven promoveu um teste para promoção de seus funcionários, no qual foram aprovados dezenove homens brancos e um hispânico. Como nenhum negro foi aprovado, o departamento resolveu não promover ninguém e anular o teste, embora não houvesse nenhum indício específico de discriminação. Os bombeiros brancos, então, ajuizaram ação por discriminação racial, utilizando como base exatamente o Title VII do Civil Rights Act, ao argumento de que eles tinham sido intencionalmente discriminados apenas com base na sua raça.

Essa decisão, pode-se afirmar, vira o Title VII de cabeça para baixo. A norma foi criada para proteger grupos minoritários contra a discriminação praticada pela ou em benefício

---

58. 557 U.S. 557 (2009).

da maioria. Porém, em termos textuais, a sua redação proíbe qualquer tipo de discriminação baseada em "raça, cor, religião, sexo ou origem nacional". Pelo contrário, a proibição abrange quaisquer práticas de um empregador que "limite, segregue ou classifique seus empregados ou candidatos a emprego de uma forma que prive ou tenda a privar qualquer indivíduo de igual oportunidade de emprego". Nada impede, portanto, que essa expressão "qualquer indivíduo" seja interpretada para incluir uma pessoa branca, desde que o fato de ser branco seja a causa do prejuízo que ele experimenta.

O problema com Ricci é que o caso se posiciona em uma espécie de jogo de soma zero. Não é possível corrigir a desigualdade que prejudica as pessoas negras sem, em alguma medida, prejudicar algumas pessoas brancas. Porém, a partir do momento em que o teste é invalidado apenas porque todos os aprovados são brancos, estes passam a poder alegar tratamento discriminatório intencional (disparate treatment). Não havia como corrigir o impacto desproporcional em termos de raça sem colocar a raça no centro do problema.

Esse, aliás, é um dos paradoxos do tratamento norte-americano à questão racial, que precisa ser compreendido para que a comparação que se pretende neste Capítulo seja adequadamente contextualizada. Embora o sistema jurídico admita a existência do racismo e a necessidade de combatê-lo, e embora o país adote ações afirmativas desde os anos 1960, a Suprema Corte impôs diversas restrições à utilização de elementos raciais para essa finalidade. Por exemplo, em Grutter v. Bollinger[59] a Corte entendeu que a utilização de ações afirmativas que favoreçam grupos minoritários e subrepresentados no corpo estudantil é admissível, desde que ela leve em consideração um conjunto de fatores.

---

59. 539 U.S. 306 (2003).

Griggs não poderia ser interpretado como uma inclusão de vedação ao impacto desproporcional na garantia constitucional de *equal protection*, mas apenas no contexto específico do Title VII. Assim "os nossos casos não abraçaram a posição de que a lei ou outro ato oficial, independentemente do fato de refletir um propósito discriminatório, é inconstitucional apenas porque tem um impacto racialmente desproporcional"[41].

Em Personnel Administrator v. Feeney[42] a Corte elaborou um pouco mais o conceito, asseverando que a garantia constitucional de igual proteção somente seria ferida se demonstrado o intento, a vontade de impactar a minoria. Isto é, seria necessário demonstrar que o réu adotou a medida justamente porque ela tem impacto desproporcional sobre o grupo minoritário, e não meramente apesar de seu impacto.

No caso, o estado de Massachussetts, que é predominantemente liberal e democrata, foi réu de uma ação em razão de uma norma que dava preferência a veteranos de guerra em contratações no serviço público. Como os veteranos são predominantemente homens, afirmou-se que a norma impactaria desproporcionalmente em detrimento das mulheres. Na visão da corte, o propósito da lei seria valioso e não discriminatório com as mulheres, não havendo prova de intenção discriminatória[43].

---

agent of such a person, but such term does not include (1) the United States, a corporation wholly owned by the Government of the United States, an Indian tribe, or any department or agency of the District of Columbia subject by statute to procedures of the competitive service (as defined in section 2102 of Title 5 [United States Code])".

41. "our cases have not embraced the proposition that a law or other official act, without regard to whether it reflects a racially discriminatory purpose, is unconstitutional solely because it has a racially disproportionate impact".

42. 442 U.S. 256, 278-79 (1979).

43. "The appellee... has simply failed to demonstrate that the law in any way reflects a purpose to discriminate on the basis of sex."

individualmente para cada candidato, o que ficou conhecido como "avaliação holística". São proibidas, por essa razão, cotas raciais, nos moldes que se pratica no Brasil. Além disso, o fundamento para as ações afirmativas, aceito em Grutter v. Bollinger não é beneficiar o grupo minoritário, mas sim todos os estudantes, em virtude do "interesse em obter os benefícios educacionais derivados de um corpo estudantil diversificado". Logo, a ação afirmativa é um meio para a obtenção de diversidade, que é boa parta todos, não um fim.

Cumpre observar, que a oposição a ações afirmativas cresceu nos Estados Unidos, nos últimos anos e, em 2023, a Corte julgará Students for Fair Admissions, Inc. v. President and Fellows of Harvard College e Students for Fair Admissions, Inc. v. University of North Carolina, dois casos que, com a atual composição fortemente conservadora, podem restringir ainda mais o cabimento dessas medidas no país. Sem que se rompa com o fundamento da diversidade e da neutralidade racial, e se compreenda que medidas de ação afirmativa são legítimas porque compensam desvantagens sociais ilegitimamente impostas aos grupos minoritários, não há como romper o paradoxo. É preciso considerar o fator excludente para corrigir a exclusão.

Com todas essas limitações, o corpo de bombeiros, réu em Ricci, foi vitorioso tanto em primeiro grau, quanto no tribunal local, porém, em uma decisão por cinco votos contra quatro, a Suprema Corte entendeu que a instituição não poderia ter anulado o teste sem uma evidência concreta de que ele teria causado o impacto desproporcional que se verificara no perfil dos aprovados e que, por isso, a sua manutenção implicava risco de processo judicial. Isto é, o simples receio de que aquele resultado pudesse ser visto como racialmente desproporcional, apenas pela análise do perfil racial dos aprovados, não permitia que o teste fosse invalidado, em prejuízo destes. A Corte, no entanto, não chegou a fazer essa análise sob o ponto de vista da garantia constitucional de *equal protection*, mas apenas em relação ao Title VII.

O caso tem nuances curiosas. Como consta da decisão do tribunal local, Ricci, o bombeiro que dá nome à ação, abandonou um segundo emprego para estudar para o teste. Mais ainda, por ser disléxico, ela pagou US$ 1 mil para um conhecido gravar o conteúdo dos materiais de estudo, para que ele pudesse ouvir. O tribunal local afirmou que simpatizava com as dificuldades dessas pessoas, mas acabou optando por manter a decisão da anulação da prova, tomada pelo corpo de bombeiros.

O problema que a Suprema Corte apontou é que os receios dos gestores do corpo de bombeiros eram baseados apenas em impressões, não em evidências concretas. Por outro lado, a decisão de anular a seleção foi baseada unicamente na raça dos aprovados, o que não seria permissível. O standard analítico descrito pela Corte foi denominado de "strong-basis-in-evidence", o que implica a necessidade de se demonstrar que a utilização da raça como método para corrigir impactos desproporcionais está fortemente calcada em evidências empíricas quanto a sua necessidade.[60] Essa demonstração estaria ausente no caso.

60. "Under Title VII, before an employer can engage in intentional discrimination for the asserted purpose of avoiding or remedying an unintentional, disparate impact, the employer must have a strong basis in evidence to believe it will be subject to disparate-impact liability if it fails to take the race-conscious, discriminatory action. The Court's analysis begins with the premise that the City's actions would violate Title VII's disparate-treatment prohibition absent some valid defense. All the evidence demonstrates that the City rejected the test results because the higher scoring candidates were white. Without some other justification, this express, race-based decisionmaking is prohibited. The question, therefore, is whether the purpose to avoid disparate-impact liability excuses what otherwise would be prohibited disparate-treatment discrimination. The Court has considered cases similar to the present litigation, but in the context of the Fourteenth

Todos os juízes liberais da corte aderiram ao voto vencido da Justice Ginsburg. Ela começa demonstrando que a profissão de bombeiro tem, nos Estados Unidos, um longo histórico de discriminação racial, inclusive em New Haven, onde 30% da população é negra, mas, até a década de 1970, apenas 3,6% dos bombeiros assim eram identificados. Entre os oficiais, apenas um era negro.

Com base nesses fatos, a Justice Ginsburg recusa que o impacto desproporcional tenha uma hierarquia inferior ao tratamento discriminatório. Nem haveria conflito entre esses dois objetivos. Eles cumprem o mesmo papel, que é eliminar a discriminação no ambiente de trabalho. As disposições de tratamento discriminatório e de impacto desproporcional devem ser vistas como complementares.

Amendment's Equal Protection Clause. Such cases can provide helpful guidance in this statutory context. See Watson v. Fort Worth Bank & Trust, 487 U. S. 977, 993. In those cases, the Court held that certain government actions to remedy past racial discrimination—actions that are themselves based on race—are constitutional only where there is a "strong basis in evidence" that the remedial actions were necessary. Richmond v. J. A. Croson Co., 488 U. S. 469, 500; see also Wygant v. Jackson Bd. of Ed., 476 U. S. 267, 277. In announcing the strong-basis-in-evidence standard, the Wygant plurality recognized the tension between eliminating segregation and discrimination on the one hand and doing away with all governmentally imposed discrimination based on race on the other. 476 U. S., at 277. It reasoned that "[e]vidientiary support for the conclusion that remedial action is warranted becomes crucial when the remedial program is challenged in court by nonminority employees." Ibid. The same interests are at work in the interplay between Title VII's disparate-treatment and disparate-impact provisions. Applying the strong-basis-in-evidence standard to Title VII gives effect to both provisions, allowing violations of one in the name of compliance with the other only in certain, narrow circumstances. It also allows the disparate-impact prohibition to work in a manner that is consistent with other Title VII provisions, including the prohibition on adjusting employment-related test scores based on race, see §2000e–2(l), and the section that expressly protects bona fide promotional exams, see §2000e–2(h). Thus, the Court adopts the strong-basis-in-evidence standard as a matter of statutory construction in order to resolve any conflict between Title VII's disparate-treatment and disparate-impact provisions".

Ginsburg aponta que, desde Griggs, diversos tribunais do país já haviam invalidado requisitos de contratação ou promoção que prejudicavam desproporcionalmente grupos minoritários, entre os quais – tal como nesse caso – testes escritos para corpos de bombeiros.

Tais testes não teriam qualquer capacidade preditiva da qualidade da atuação do candidato e, dado o histórico de segregação racial escolar, acabavam pesando sobre as minorias. Em outras palavras, embora pouco importem as capacidades de leitura ou de redação de um bombeiro, se o teste de promoção for escrito, elas podem pesar contra aqueles que frequentaram escolas piores.

Por essas razões, a conclusão da minoria é no sentido de que um empregador que descarta o resultado de uma seleção que aparentemente implica impacto discriminatório não está violando o Title VII, mas sim concretizando-o. Basta, para tanto, que esse empregador tenha uma boa razão para acreditar que o método de seleção utilizado não sobreviveria a um teste de necessidade do negócio (business necessity). Presente essa condição, a anulação da seleção seria um método razoável de cumprir os propósitos da legislação.

A decisão de Ricci é muito criticada pela literatura norte-americana. Girardeau A. Spann menciona que ela é a mais danosa de uma série de decisões da Corte Roberts (isso ainda antes da composição atual, na qual o viés conservador se aprofundou) em uma linha do que o autor denomina "pós-racismo". Essa é a advocacia da falsa ideia de que a discriminação racial já estaria superada e, portanto, as eventuais restrições que ainda incidem sobre os negros, na sociedade, seriam explicáveis por fatores pessoais, não coletivas[61].

9. CONCLUSÃO PARCIAL

O presente capítulo apontou que o acolhimento, por parte da Suprema Corte, em Griggs, da teoria do impacto desproporcional, criou uma importante linha de raciocínio para permitir o enfrentamento aos prejuízos enfrentados por grupos sociais minoritários. Como aponta Girardeau, o mito de que a neutralidade em termos de raça (ou de gênero), adicionada à punição dos comportamentos racistas (ou misóginos) é suficiente para criar uma sociedade sem preconceitos é artificialmente reducionista. Ele oculta o fato de que o gênero e a raça estão impregnados nas próprias instituições que compõem o tecido social, de modo que a sua influência cultural é não apenas sistêmica e inevitável, como também cria problemas que não poderão ser apropriadamente endereçados apenas pela sanção ou promoção de atos isolados[62].

No entanto, ainda que Griggs seja um interessante ponto de partida, posteriormente trabalhado por considerável parcela da literatura norte-americana, sua relevância não pode ser superestimada, para fazer parecer que a Suprema Corte dos Estados Unidos é uma espécie de bastião no avanço dos direitos fundamentais. Na verdade, quando considerado de forma mais panorâmica, o histórico dos julgados da

61. SPANN, Girardau A. Disparate Impact. In: **The Georgetown Law Journal**, vol. 98, p. 1133 e ss., 2010.
62. SPANN, Girardau A. Disparate Impact. In: **The Georgetown Law Journal**, vol. 98, p. 1133 e ss., 2010.

Corte congrega mais decisões que promovem os interesses da maioria em detrimento da minoria do que o contrário[63].

Logo, o estudo da teoria do impacto desproporcional, a partir da comparação com os Estados Unidos, deve ser feito tendo em conta não uma visão que pretende transpor o que um tribunal estrangeiro decidiu, mas sim enquanto uma ideia acadêmica, que foi trabalhada e debatida em outro país. Essa ideia encontrou, por algum tempo, apoio nas decisões judiciais, mas foi, depois, restrita. Essa validação e restrição jurisprudencial deve ser percebida como o retrato de uma experiência, não como um argumento de autoridade para se acolher ou rejeitar, acriticamente, uma construção feita em outro país.

Estabelecida essa premissa, a teoria do impacto desproporcional é a proposta que pretende analisar os efeitos, sobre grupos minoritários, de práticas e políticas aparentemente neutras. Ela nasce da percepção de que o racismo ou o sexismo podem ser praticados, consciente ou inconscientemente, pela adoção de comportamentos que excluem ou restringem o acesso de grupos minoritários aos bens sociais, apesar de não mirarem explicitamente esses grupos. Nesse sentido, a teoria do impacto desproporcional

---

63. A síntese elaborada por Spann impressiona: "In the middle of the twentieth century, the Court infamously upheld the World War II exclusion order that led to the internment of Japanese-American citizens in Korematsu v. United States. Although the Court formally desegregated public schools in the 1954 Brown (I) decision, the 1955 decision in Brown (II) actually allowed Southern schools to remain segregated for the next decade. In the 1955-56 case of Naim v. Naim, the Court also declined to invalidate Virginia's miscegenation statute, even though Brown seemed to render such invidious racial classifications unconstitutional. In the 1970s, the Court then refused to desegregate northern and western schools that were de facto rather than de jure segregated, and those schools remain largely segregated today. Brown has since been used to invalidate affirmative action programs on the ground that they violate the principle of colorblind race neutrality". Idem, p. 1138-1139.

preocupa-se com os efeitos, não com as intenções da conduta. Desse modo, é passível de impugnação, por impacto desproporcional, uma ação pública ou privada que, embora não explicitamente pautada por uma característica específica de um grupo minoritário (a raça ou o sexo), tem como efeito prático a restrição de direitos desse grupo. Com essa conceituação, a teoria do impacto desproporcional abre espaço para o enfrentamento de práticas discriminatórias mais sub-reptícias, que não poderiam ser coibidas pelos mecanismos tradicionais de proibição ou de sanção individual.

O problema prático da teoria está na definição da sua hipótese de incidência. A partir da constatação de que a sociedade é formada por grupos diversos, é razoavelmente esperado que qualquer ato impacte de maneiras diferentes sobre pessoas com características, sensibilidades e vulnerabilidades distintas. A questão passa a ser definir quando essas diferenças são ilegítimas. Ao longo do tempo, os diversos casos que foram apresentados aos tribunais norte-americanos buscaram, em alguma medida, estabelecer balizas para solucionar essa questão.

Sinteticamente, o impacto de uma conduta é desproporcional se os seus efeitos incidem, de modo negativo (seja pela imposição de ônus ou pela negativa de acesso a benefícios) sobre um grupo minoritário, mais do que incidem sobre o grupo majoritário. Considera-se desproporcional um impacto que implique, em determinada prática, a inapropriada exclusão de grupos pertencentes a categorias protegidas (minoritárias), especialmente relativas a sexo, raça ou religião. Atualmente, a desproporção é aferida pela comparação entre o perfil do conjunto de pessoas candidatas a um benefício (emprego, cargo, posição social etc.) e o perfil daqueles que efetivamente o obtém. Se essa comparação denotar que o grupo minoritário teve mais dificuldades de acesso ao benefício, haverá indícios de impacto desproporcional. Assim, por exemplo, se um determinado emprego recebe como candidatos 50% de homens e 50% de mulheres, mas o resultado é a contratação de 90% de homens, há indícios de impacto desproporcional.

A segunda fase do teste é identificar as causas do impacto na prática investigada. Se a disparidade decorrer de exigências suficientemente relacionadas com a posição para a qual a pessoa se candidata, a desproporcionalidade será vista como lícita. Em outras palavras, impactos desproporcionais sobre grupos minoritários são razoavelmente esperados, dado um certo caráter cíclico das características que tornam tais grupos minoritários – se um grupo é excluído socialmente, ele é colocado em situação de vulnerabilidade que retroalimenta a sua dificuldade de acesso aos bens sociais. O que a teoria visa coibir são, em primeiro lugar, os impactos injustificáveis, derivados de exigências arbitrárias e sem relação com o processo seletivo em andamento.

Finalmente, a terceira fase da análise refere-se a coibir discriminações justificáveis, mas desnecessárias. Assim, se uma exigência é relacionada à função que se espera preencher, mas existe outro modo de se aferir aquela característica, de forma a evitar o impacto desproporcional, será obrigatório adotar tal alternativa.

Logo, a teoria do impacto desproporcional pretende servir como ferramenta para evitar condutas discriminatórias sistêmicas, injustificáveis ou evitáveis.

Embora a teoria tenha vivido alguns retrocessos, nos Estados Unidos, nas décadas que se seguiram ao caso Griggs, isso não quer dizer que ela tenha sido eliminada. A U.S. Equal Employment Opportunities Commission (EEOC) continua existindo e aplicando sanções e fazendo acordos administrativos sobre a temática. Por exemplo, em 2015, a Target Corporation pagou US$ 2,8 milhões, além de assumir diversas outras obrigações da fazer, para encerrar uma investigação sobre impacto desproporcional na sua política de contratação[64].

Assim, o uso da teoria, dentro de uma estratégia analítica de direito comparado, não como importação acrítica, permanece válido, especialmente quando se leva em consideração, como será feito no capítulo seguinte, que o contexto de discriminação de sexo no Brasil guarda similaridades com os Estados Unidos. Avaliar algumas das estratégias daquele país e sua possibilidade de aplicação no Brasil é, nessa perspectiva, um objetivo científico válido.

64. Ver <https://www.eeoc.gov/newsroom/target-corporation-pay-28-million-resolve-eeoc-discrimination-finding>. Acesso em 16 jan 23.

Capítulo 3

IMPACTO DESPROPORCIONAL E DESIGUALDADE DE SEXO

1. IMPACTO DESPROPORCIONAL EM TERMOS DE SEXO NA JURISPRUDÊNCIA

1.1 Validade da comparação e recorte metodológico

Pierre Legrand discute a necessidade de se abandonar, nos estudos de direito estrangeiro, o paradigma da autoridade, substituindo-o pelo paradigma da alteridade. O que importa, nesse sentido, não é o valor da norma porque ela foi posta – ou porque foi posta em determinado país – mas sim o seu conhecimento no contexto de uma ética da comparação, que deve ser imbuída de reconhecimento e de respeito. A comparação "que abre espaço para o outro Direito, que lhe dá a palavra". Assim, é uma comparação de escuta, que precisa levar em conta as diferenças das jurisculturas dos países envolvidos[1].

O contexto de desigualdade de sexo, bem como as respostas que ele recebe, nos Estados Unidos, são pertinentes ao Brasil porque, ainda que ressalvadas as diferenças, há similitudes relevantes. Brasil e Estados Unidos são países

---

1. LEGRAND, Pierre. **Como ler o direito estrangeiro**. São Paulo: Contracorrente, 2018.

continentais, com grande população e disposições constitucionais que asseguram a igualdade entre os cidadãos. Apesar disso, a realização empírica dessa igualdade, conquanto tenha experimentado avanços nos últimos anos, continua longe de realizar-se.

Apenas para exemplificar com a questão do acesso à igualdade de oportunidades de trabalho, a U.S. Equal Employment Opportunities Commission informa que 91,7% de todas as reclamações que recebe sobre discriminação no pagamento de salários são formuladas por mulheres[2]. No Brasil, pesquisa do IBGE de 2022 demonstrou que, em média, as mulheres ganham 20% menos que os homens, desigualdade que persiste em patamar elevado mesmo quando se compara trabalhadores do mesmo perfil de escolaridade e idade, e da mesma categoria de ocupação. Embora esse percentual venha oscilando um pouco ao longo dos anos – em 2012 a diferença era superior a 26% – a melhora é lenta[3].

Tal como nos Estados Unidos, o ordenamento jurídico brasileiro admite que o direito à igualdade de sexo é passível de ser implementado sob diversas vertentes. Em primeiro lugar, há fiscalização estatal, feita sob a perspectiva do direito administrativo, nos Estados Unidos, pela U.S. Equal Employment Opportunities Commission e, no Brasil, pela fiscalização do trabalho. Segundo, é possível a implementação privada individual do direito, pela via jurisdicional. Tanto nos Estados Unidos, quanto no Brasil, a relação

---

2. <https://www.eeoc.gov/data/continuing-impact-pay-discrimination-united-states>. Acesso em 16 jan 23.

3. A pesquisa foi feita pela Consultoria Idados. Disponível em: <https://blog.idados.id/idados-do-g1-os-cargos-com-maior-diferenca-salarial-entre-homens-e-mulheres/>, com base na Pesquisa Nacional de Amostra de Domicílios do IBGE. Ver BRASIL. **Pesquisa Nacional de Amostra de Domicílios.** Brasília: Instituto Brasileiro de Geografia e Estatística, 2022.

empregado-empregador é fortemente regulada por normas gerais e abstratas, as quais são passíveis de implementação jurisdicional. Por exemplo, o pagamento desigual, nos Estados Unidos, viola o Equal Pay Act (EPA) de 1963 e o Title VII do Civil Rights Act de 1964, isso no que tange a sexo. Há, ainda, outras normas para distintos grupos, como é o caso do Age Discrimination in Employment Act (ADEA) e do Americans with Disabilities Act (ADA). No Brasil, a Consolidação das Leis do Trabalho assegura, de modo expresso, a igualdade de pagamento entre homem e mulher (art. 5º) e prevê a ação de equiparação salarial (art. 461), com multa, caso fique comprovado que a diferença salarial é passível de ser atribuída a sexo ou etnia.

Em terceiro lugar, ambos os países permitem a litigância civil coletiva para a implementação de direitos de grupos minoritários. No caso dos Estados Unidos, as class actions, previstas na Rule 23 das Federal Rules of Civil Procedure, podem ser propostas por qualquer uma das vítimas da conduta, em benefício de todo o grupo. No Brasil, a ação civil pública pode ser ajuizada pelo Ministério Público, pela Defensoria Pública ou por associações privadas.

Em ambos os países, a litigância coletiva é relevante em matéria de igualdade salarial. Por exemplo, no Brasil, o Ministério Público do Trabalho adota diversas iniciativas para promover a igualdade entre os sexos em termos salariais, inclusive com o ajuizamento de ações[4]. Nos Estados Unidos, o Wal-Mart, maior empregador privado do país, foi

4. Em 2021, foi noticiado o ajuizamento de ação contra uma empresa por ter contratado apenas duas mulheres em um quadro de duzentos motoristas. Ver <https://www.correiobraziliense.com.br/cidades-df/2021/07/4939928-mpt-acusa-empresa-por-discriminacao-de-genero-e-descontos-indevidos-de-salario.html>. Acesso em 16 jan 23.

réu em diversas *class actions*, ao argumento de desfavorecer mulheres em seus processos internos de promoção[5].

Nesses termos, a semelhança de contexto e de sistema jurídico entre o Brasil e os Estados Unidos evidencia a validade da comparação pretendida neste trabalho, sendo empreendida também em diversos outros estudos, tanto jurídicos, quanto de outras áreas do conhecimento[6]. A proposta deste capítulo é demonstrar alguns casos e situações em que o impacto desproporcional é evidenciado, tanto no Brasil, quanto nos Estados Unidos, em matéria de sexo e, na medida do possível, expor algumas formas de solucionar a questão.

No que tange ao recorte metodológico, cumpre ressaltar que este capítulo não trata da questão do viés de sexo (*sex bias* ou *gender bias*), que é o viés cognitivo em virtude do qual há tendência de que escolhas sejam feitas levando em consideração o sexo, mesmo em situações nas quais este não deveria ser um fator relevante. Quando esse viés existe, ele invariavelmente desfavorece as mulheres, havendo diversos casos documentados[7].

---

5. A principal dessas *class actions*, derrotada na Suprema Corte, foi Wal-Mart v. Dukes, 564 U.S. 338 (2011).

6. No Direito, ver, por exemplo, VITORELLI, Edilson. O Devido Processo Legal Coletivo: dos direitos aos litígios coletivos. 3.ed. São Paulo: RT, 2022, especialmente caps. 3 e 5., bem como ROQUE, André. Class actions: ações coletivas nos Estados Unidos: o que podemos aprender com eles? Salvador: Juspodivm, 2013. Na economia, ver GIUBERTI, Ana; MENEZES-FILHO, Naércio. Discriminação de rendimentos por gênero: uma comparação entre o Brasil e os Estados Unidos. In: **Revista Economia Aplicada**, vol. 9, n. 3, 2005.

7. Apenas para exemplificar: CISLAK, Aleksandra., FORMANOWICZ, Magdalena.; Saguy, Tamar. Bias against research on gender bias. In: **Scientometrics** 115, 189–200 (2018); BANKS, Taunya. Gender Bias in the Classroom. 38 In: **J. Legal Educ**. 137 (1988); MENGEL, Friederike; SAUERMANN, Jan; ZÖLITZ, Ulf. Gender Bias in Teaching Evaluations. In: **Journal of the European Economic Association**, v. 17, n. 2, 535–566, 2019; RUDINGER, Rachel et. al. **Gender Bias in Coreference Resolution**. Disponível em <https://arxiv.org/abs/1804.09301>. Acesso em 16 jan 23; 1. HAMBERG Katarina. Gender Bias

O mais famoso caso de viés de sexo é possivelmente o relativo à escolha de músicos em orquestras, o qual levou à quase universal adoção de audições sem possibilidade de identificação física do candidato ou candidata. Um estudo nos Estados Unidos demonstrou que, até nos anos 1970, as orquestras tinham apenas 5% de mulheres, em média, número que atualmente ultrapassa 30%, o que é atribuído ao fato de que a banca de contratação, a partir de meados dos anos 1980, passou a não poder mais ver o candidato, durante as audições que definem a vaga[8].

No entanto, os vieses são fenômenos psicológicos, cognitivos, cuja resolução é controversa e dependente do contexto[9]. De forma geral, eles têm sido abordados a partir de uma mudança na arquitetura da escolha[10]. O foco deste trabalho é analisar regras e estratégias de decisão que têm como efeito a geração de um impacto desproporcional, independentemente de essa regra ter-se originado de um viés cognitivo ou não. Por consequência, a estratégia de enfrentamento ao impacto desproporcional é a mudança ou eliminação da regra implicada, não apenas da arquitetura de escolha.

in Medicine. In: **Women's Health**, v. 4 n. 3, 237-243, 2008; MITCHELL, Kristina., & MARTIN, Jonathan. Gender Bias in Student Evaluations. In: **Political Science & Politics**, 51(3), 648-652, 2018. Há também um estudo do Fundo Monetário Internacional: STOTSKY, Janet. Gender Bias in Tax Systems. Disponível em <https://www.imf.org/en/Publications/WP/Issues/2016/12/30/Gender-Bias-in-Tax-Systems-2074>. Acesso em 16 jan 23.

8. GOLDIN, Claudia; ROUSE, Cecilia. Orchestrating Impartiality: The Impact of "Blind" Auditions on Female Musicians. In: **American Economic Review**, 90 (4): 715-741, 2000.
9. Ver NORDELL, Jessica. **The End of Bias**: A Beginning - The Science and Practice of Overcoming Unconscious Bias. New York: Metropolitan Books, 2021.
10. THALER, Richard; SUNSTEIN, Cass. **Nudge**: tomar melhores decisões sobre saúde, dinheiro e felicidade. São Paulo: Objetiva, 2019. A edição americana original é de 2008.

Em outras palavras, de nada adianta, por exemplo, ter mais mulheres nos setores de recursos humanos de uma empresa, se a descrição do cargo exige disponibilidade para viagens ou para mudança de localidade ou de residência, ainda que estas, de fato, não ocorram. Como os encargos familiares e de cuidado com os filhos tendem a recair mais fortemente sobre as mulheres, essas exigências, ainda que *prima facie* neutras, tendem a impactar mais sobre as mulheres, o que restringirá seu acesso às vagas. Se, como delineado no capítulo anterior, tal requisito é desnecessário para a vaga, ele deve ser encarado como discriminatório e deverá ser eliminado.

Logo, é importante notar que o conceito de viés cognitivo também é relevante para as questões de sexo, mas ele não é sinônimo de impacto desproporcional. Ambos se relacionam porque ambos lidam com situações em que o impacto sobre o grupo minoritário é indireto e, muitas vezes, não desejado pela própria pessoa ou entidade responsável pela exigência. Por isso, ambas as situações são difíceis de serem demonstradas a partir de análises individuais, sem a consideração da coletividade de pessoas afetadas, e não serão passíveis de remediação pela imposição de punição ao responsável pela prática. São necessárias mudanças no comportamento dos envolvidos para sanar a discriminação, embora a estratégia dessa mudança seja diferente no impacto desproporcional e nos vieses cognitivos.

Enfocam-se, a seguir, hipóteses de impacto desproporcional sobre pessoas do sexo feminino, ainda que, eventualmente, haja referência a vieses cognitivos.

2. IMPACTO DESPROPORCIONAL EM MATÉRIA DE DIREITO AO TRABALHO

O terreno mais profícuo para a teoria do impacto desproporcional nos Estados Unidos foi o das práticas de contratação para empregos. Há, como evidenciado no Capítulo 2, diversos casos em que essa questão foi objeto de análise jurisprudencial, tanto em termos de sexo, quanto de raça.

O primeiro desses casos a chegar à Suprema Corte dos Estados Unidos, no que tange especificamente ao impacto desproporcional sobre mulheres, foi Dothard v. Rawlinson[11]. O estado do Alabama exigia como requisito para a contratação de agentes penitenciários o peso mínimo de 54 quilos e a altura mínima de 1,57 metro. Esses requisitos seriam uma forma de aferir a força física necessária ao desempenho da função.

A Suprema Corte, por maioria, entendeu que a exigência era inconstitucional. Ficou demonstrado que a exigência apesar de parecer neutra, implicava uma seleção implícita de mulheres, uma vez que, de acordo com estatísticas nacionais, ela teria potencial para excluir 4% da população feminina, mas menos de 1% dos homens. A Corte afirmou que, pelo menos em caráter preliminar, o impacto desproporcional aferido em relação à população nacional já seria suficiente para sustentar o argumento, independentemente da análise do pool de candidatos[12]. Isso transferiria o ônus de demonstrar a necessidade do requisito (*business necessity*) para o requerido. No caso, o réu não apenas não demonstrou que esse requisito de altura e peso corresponderia às características físicas necessárias para a função, como também

11. 433 U.S. 321 (1977).

12. "To establish a prima facie case of employment discrimination, a plaintiff need only show that the facially neutral standards in question, such as Alabama's height and weight standards, select applicants for hire in a significantly discriminatory pattern, and here the showing of the disproportionate impact of the height and weight standards on women based on national statistics, rather than on comparative statistics of actual applicants, sufficed to make out a prima facie case".

deixou de apresentar qualquer justificativa para sua exigência, além do fato de ser prevista em uma norma estadual.

Em outras palavras, de acordo com o raciocínio já estruturado no capítulo anterior, cabe ao autor o ônus de demonstrar o impacto desproporcional da exigência impugnada. Neste caso, a desproporcionalidade está ligada à disparidade do impacto da exigência, quando confrontada com a população em geral. Em casos futuros, essa regra viria a ser confrontada com a população de candidatos, embora isso provavelmente faça pouca diferença para este caso. Afinal, mulheres são, em média, mais baixas e mais leves que homens e é improvável que essa diferença não existe na população de mulheres interessadas na posição de agentes penitenciárias. Assim, é provável que essa exigência desclassifique mais mulheres do que homens, tanto na população em geral, quanto para este emprego, especificamente[13].

Além disso, como bem observou a Corte:

> Não é requisito de que a demonstração estatística de desproporcionalidade seja sempre baseada nas características dos candidatos que efetivamente se apresentam. O processo seletivo pode não refletir adequadamente o pool de potenciais candidatos, uma vez que pessoas qualificadas podem sentir-se desencorajadas de candidatar-se ao emprego, em razão de perceberem, por si mesmas, que não conseguiriam satisfazer o requisito que está sendo apontado como discriminatório. Uma candidata em potencial poderia facilmente determinar a sua altura e peso e concluir candidatar-se seria inútil[14].

---

13. "Moreover, reliance on general population demographic data was not misplaced where there was no reason to suppose that physical height and weight characteristics of Alabama men and women differ markedly from those of the national population".

14. "There is no requirement, however, that a statistical showing of disproportionate impact must always be based on analysis of the characteristics of

O réu, por sua vez, não conseguiu demonstrar que os requisitos de altura e peso mínimos refletir-se-iam, de fato, em força física e que esse atributo seria necessário para o bom desempenho da função. Ainda que, intuitivamente, seja possível supor que a atividade de agente penitenciário seja beneficiada pelo porte físico do sujeito, suposições e senso comum não são suficientes. É preciso que haja demonstração empírica da necessidade do atributo para o exercício da função e da correspondência da exigência (no caso, altura e peso) para a sua aferição.

A Corte afirma que seria possível que o Alabama exigisse, de modo direto, candidatos do sexo masculino para a função. Há considerações no sentido de que as condições das prisões do Alabama eram muito ruins e uma agente penitenciária mulher poderia estar em maior situação de risco caso trabalhasse em uma prisão masculina, por exemplo, com criminosos sexuais. De modo geral, a premissa do Title VII é que essa escolha deveria ser, como regra, feita pela mulher. Porém, no caso específico, a Corte cogita que essa situação poderia colocar em risco o sistema como um todo, em um sistema carcerário no qual "a violência é a ordem do dia". Nessa circunstância, o risco seria não apenas para a vítima, mas também para os demais agentes e os presos. Assim, embora tenha anulado a utilização da altura e do peso para essa finalidade, a Corte não proibiu que o próprio sexo fosse levado em consideração, em julgamento futuro.

---

actual applicants. See Griggs v. Duke Power Co., supra at 401 U. S. 430. The application process itself might not adequately reflect the actual potential applicant pool, since, otherwise, qualified people might be discouraged from applying because of a self-recognized inability to meet the very standards challenged as being discriminatory. See Teamsters v. United States, 431 U. S. 324, 431 U. S. 365-367. A potential applicant could easily determine her height and weight and conclude that to make an application would be futile".

Há outros casos norte-americanos em que a utilização de testes variados para admissão em empregos foi considerada ilícita por implicar impacto desproporcional sobre as mulheres. O 9º Circuito de Apelações julgou ilegal exigências de estatura para a função de policial, ao fundamento de que, apesar de neutra prima facie, essa exigência excluiria mulheres desproporcionalmente do acesso à carreira[15]. O 8º Circuito de Apelações julgou ilegal um teste de força física para os empregados de uma fábrica de salsichas, tendo em vista que o teste era mais exigente que as demandas concretas da função, de modo que teriam um impacto desproporcional sobre as mulheres[16]. Em um terceiro exemplo, do estado de Ohio, uma construtora foi condenada por proibir seus operadores de gruas de fazerem intervalos para ir ao banheiro, ao argumento de que eles poderiam urinar na parte de trás do veículo. A exigência foi considerada desvinculada das funções do cargo e ensejaria um impacto desproporcional às mulheres[17]. O National Women's Law Center cataloga diversas outras iniciativas similares[18].

Na mesma linha, Joanne Bal anota que a discriminação em matéria de gênero é verificável nos requisitos de aparência dos jornalistas âncoras de televisão. Embora essa exigência incida também sobre homens, as mulheres estão muito mais sujeitas a requerimentos de padrões de "beleza e juventude". A autora demonstra, no entanto, a recalcitrância dos tribunais para admitir esse tipo de discussão, que envolve o próprio aspecto negocial do telejornalismo[19]. No mesmo

---

15. Blake v. City of Los Angeles, 595 F.2d 1367 (9th Cir. 1979).

16 Equal Employment Opportunity Comm'n v. Dial Corp., 469 F.3d 735 (8th Cir. 2006).

17 Johnson v. AK Steel Corp, 2008 WL 2184230 (S.D. Ohio May 23, 2008).

18. https://nwlc.org/. Acesso em 20 nov 22.

19. BAL, Joanne. Proving Appearance-Related Sex Discrimination in Television News: A Disparate Impact Theory. In: **The University of Chicago Legal**

sentido, Deborah Rhode aponta diversos cenários nos quais o fato de não ser bonita prejudica uma mulher de maneira que seria completamente alheia a um homem. Mulheres não atraentes são menos propensas a conseguirem emprego, serem promovidas e costumam ser associadas a comportamentos menos socialmente desejáveis. Não é por acaso, relata a autora, que o investimento global anual em cuidados de beleza supera a cifra de US$ 200 bilhões por ano[20].

No Brasil, embora não haja casos em que sistemas de recrutamento exijam peso mínimo, os concursos para vagas militares, em regra, exigem estatura mínima dos candidatos. A Polícia Militar de Minas Gerais exige, com base no art. 5º da Lei no 5.301/1969, que todos os candidatos a soldado tenham "altura mínima de 1,60m (um metro e sessenta centímetros)"[21]; já a polícia militar de São Paulo exige, para a mesma função, 1,60m para homens e 1,55 para mulheres[22], parâmetro que também é utilizado no Exército[23].

Esse requisito já foi questionado diversas vezes perante o Poder Judiciário. Alega-se, em alguns casos, falta de previsão legal do requisito. Em outros, a ausência de correspondência do requisito com a função, por exemplo, área de

---

Forum, vol. 1993, n. 1, p. 211 e ss: "When faced squarely with the question as to whether Metromedia's emphasis on appearance was unjustifiable, the court in Craft recoiled. It claimed, "[W] e are not the proper forum in which to debate the relationship between newsgathering and dissemination and considerations of appearance and presentation-i.e., questions of substance versus image in television journalism".

20. RHODE, Deborah L. **The Beauty Bias**: the injustice of appearance in life and law. Oxford: Oxford University Press, 2010.

21. O edital do concurso de 2021 está disponível em <https://intranet.policiamilitar.mg.gov.br/conteudoportal/uploadFCK/crs/10062021225402563.pdf>. Acesso em 17 jan 23.

22. <https://documento.vunesp.com.br/documento/stream/MjM4MjE5OQ%3d%3d>. Acesso em 17 jan 23.

23. <https://espcex.eb.mil.br/downloads/Edital_EsPCEx_2022-2023.pdf>

saúde, mecânica e música, nas quais também se exige altura mínima. Há também casos que alegam a falta de correspondência entre a exigência e a função.

Na ADI 5044, rel. Min. Alexandre de Moraes, julgada em 11.10.18, o Supremo Tribunal Federal estabeleceu:

> Ementa: CONSTITUCIONAL E ADMINISTRATIVO. RAZOABILIDADE DE LIMITES MÍNIMOS DE ALTURA PARA A MATRÍCULA NOS CURSOS DE FORMAÇÃO DOS ESTABELECIMENTOS DE ENSINO DE BOMBEIRO-MILITAR. ADOÇÃO DOS MESMOS CRITÉRIOS NA LEI FEDERAL 12.705/2012 PARA AS FORÇAS ARMADAS. EXCEÇÃO AOS CARGOS DE MÉDICO E DE CAPELÃO POR AUSÊNCIA DE RAZOABILIDADE. ART. 11, § 2º, DA LEI FEDERAL 7.479/1986. NULIDADE PARCIAL SEM REDUÇÃO DO TEXTO. AÇÃO DIRETA JULGADA PARCIALMENTE PROCEDENTE. 1. Conforme a Jurisprudência desta SUPREMA CORTE, a adoção de requisitos de capacidade física para o acesso a cargos públicos deve observar critérios idôneos e proporcionais de seleção, que guardem correlação com as atividades a serem desempenhadas pelo servidor. 2. A norma contida no § 2º do art. 11 da Lei Federal 7.479/1986, no que se refere aos médicos e aos capelães, é incompatível com a Constituição Federal. 3. Com relação ao restante da carreira de bombeiro-militar, não há ofensa aos princípios constitucionais da impessoalidade, da moralidade, da eficiência ou da proporcionalidade. Os limites de estatura estabelecidos pela norma impugnada, que reproduzem a mesma exigência imposta aos militares das Forças Armadas (1,60m para homens e 1,55m para mulheres), mostram-se razoáveis. 4. Ação Direta de Inconstitucionalidade julgada parcialmente procedente, para declarar a nulidade parcial sem redução do texto do art. 11 da Lei Federal 7.479/1986 (na redação conferida pela Lei Federal 12.086/2009), excluindo-se da sua incidência os médicos e os capelães.
>
> (ADI 5044, Relator(a): ALEXANDRE DE MORAES, Tribunal Pleno, julgado em 11/10/2018, PROCESSO ELETRÔNICO DJe-139 DIVULG 26-06-2019 PUBLIC 27-06-2019)

Analisando-se o inteiro teor do acórdão, razoavelmente breve para os padrões do STF, percebe-se que a principal razão de decidir tange apenas às seguintes passagens do voto do relator:

> Os componentes da carreira de bombeiro-militar, de um modo geral, estão sujeitos a situações peculiares, em que o porte físico se mostra significativamente relevante. (...) Outrossim, ressalte-se que não há ofensa aos princípios constitucionais da impessoalidade, da moralidade, da eficiência ou da proporcionalidade em relação ao restante da carreira de bombeiro-militar, na medida em que a norma impugnada, por se mostrar condizente com as atribuições desempenhas pelos seus destinatários, é compatível com o texto constitucional.

Quando se compara esse trecho com a fundamentação norte-americana, fica patente uma primeira falha de raciocínio, que sequer tem a ver com a diferenciação de sexo: afirma-se que existem "situações peculiares" da carreira militar, que exigem porte físico. Porém, não se discute, em parte alguma do voto, quais "situações peculiares" são essas, nem por quais razões a altura é um parâmetro apropriado para se aferir o "porte físico" necessário ao atendimento das indefinidas "situações peculiares" e nem por que essa altura mínima específica é "proporcional" para denotar o necessário "porte físico" pertinente às "situações peculiares". Tudo, como se percebe, está no nível da suposição e de senso comum sobre quais são as atividades de um bombeiro militar, não da discussão concreta do caso.

O segundo problema é que, em momento algum, o Supremo Tribunal Federal considera se essa exigência, aparentemente neutra, tem potencial para afetar de modo mais exigente as mulheres. Mesmo a Ministra Cármen Lúcia, que apresenta um breve voto anotando as dificuldades que tem com essa exigência, não adentra o recorte de sexo nas suas considerações[24].

O que o Supremo Tribunal Federal deixou de analisar, nesse caso, foi que a exigência de estatura mínima, tal como feita pelas organizações militares brasileiras, apesar de aparentemente neutra, tem impacto desproporcional sobre as mulheres. Acontece que, de acordo com a Pesquisa de Orçamentos Familiares – POF, do Instituto Brasileiro de Geografia e Estatística - IBGE[25], realizada em 2008, a média de altura de uma mulher brasileira adulta (entre 20 e 29 anos) é de 1,61 metro, enquanto a estatura média de um homem de mesma idade é de 1,73 metro.

Isso quer dizer que a Polícia Militar de Minas Gerais, valendo-se de uma regra prima facie neutra, que exige 1,60 metro para todos os candidatos, favorece a seleção de homens, já que demanda destes estatura 13 cm abaixo da média nacional, enquanto exige das mulheres o mínimo de apenas 1 cm aquém da média. A PMSP e as forças armadas, ainda que, aparentemente, favoreçam as mulheres ao reduzir a exigência em 5 cm, ainda as estão desfavorecendo. O requisito, nesse caso, fica 6 cm abaixo da média feminina nacional, enquanto o dos homens ainda permanece 13 cm inferior. Logo, ainda que se assuma que o "porte físico" de alguém pode ser aferido pela estatura, o que as organizações militares estão efetivamente realizando é aceitando homens de porte físico bastante inferior à média, ao mesmo

---

24. No mesmo sentido, a doutrina que debate o julgado também não se atenta para suas implicações relativas à diferença de estatura média entre homens e mulheres. Ver: FERNANDES, Bernardo Gonçalves. **Curso de Direito constitucional**. 9. ed. Salvador: Juspodivm, 2017, p. 469.

25. Os dados estão disponíveis em <https://www.ibge.gov.br/estatisticas/sociais/saude/9050-pesquisa-de-orcamentos-familiares.html?edicao=9058&t=destaques>. Acesso em 17 jan 2023.

tempo em que exigem das mulheres uma dimensão física proporcionalmente maior.

Para que a exigência física fosse proporcional, deveria haver uma alteração de 7 cm para mais, no requisito masculino, o que o elevaria a 1,67 metro, ou de 7cm para menos, no requisito feminino, o que redundaria em 1,48 metro. Aqui, o senso comum encontra a estatística: é raro encontrar-se homens com estatura inferior a 1,60 metro, embora seja comum essa estatura em mulheres. É isso que faz com que a totalidade dos casos conhecidos de impugnação do requisito de estatura, na jurisprudência brasileira, sejam ajuizados por mulheres[26]. Por outro lado, quando se considera a possibilidade de um homem ter estatura inferior a 1,67m ou de uma mulher ter estatura inferior a 1,48m, percebe-se que as probabilidades se invertem: poucas mulheres seriam excluídas do concurso se esse fosse o parâmetro, ao passo que um número bastante mais expressivo de homens restaria impossibilitado de atender o requisito.

Nesse sentido, o Supremo Tribunal Federal atentou-se apenas para a impertinência da exigência para os cargos que não estão na atividade fim da corporação. O Tribunal, no entanto, deixou de verificar concretamente se a atividade fim tem mesmo relação com o porte físico, embora, intuitivamente, pareça que tem, bem como se a estatura é ou não medida adequada para o porte físico. Mais importante, para os fins do presente trabalho, a ausência de um recorte de sexo na discussão fez com que o Supremo Tribunal Federal não percebesse que, por mais relevante que considere essa

26. É difícil realizar uma pesquisa compreensiva de todos os julgados, por isso efetuou-se uma análise amostral dos 20 primeiros julgados que retornam, no Tribunal de Justiça de Minas Gerais, na pesquisa de jurisprudência pela expressão "altura e mínima e concurso", em 17 jan 2023. Todos os casos são relativos a mulheres.

exigência, ela tem sido feita de modo desproporcional para homens e mulheres.

Essa análise descortina o equívoco em que incorrem alguns teóricos do constitucionalismo feminista, que buscam analisar questões de sexo apenas naquelas situações em que ele está evidenciado, seja de modo expresso, seja pela natureza da questão, como é o caso de julgados sobre contraceptivos, aborto ou maternidade. Embora esses casos sejam importantes, é preciso e, talvez, mais importante, buscar o recorte de sexo justamente nas situações não evidentes, naquelas em que ele deixa de ser feito[27]. Um bom exemplo é o julgamento do Tema 548 de Repercussão Geral, no qual a Ministra Rosa Weber, apropriadamente, lembrou que a garantia de pré-escola para crianças de zero a três anos é imprescindível para assegurar às mães segurança no exercício do direito ao trabalho, em razão da histórica divisão assimétrica da tarefa familiar de cuidar de filhos e filhas. Na dicção deste trabalho, embora a falta de vagas em creches seja, *prima facie*, neutro em termos de gênero, ele afeta de modo desproporcional as mulheres.

É interessante notar que, quando a perspectiva de sexo é explicitamente apresentada, o Supremo Tribunal Federal brasileiro tende a ser sensível a ela. Por exemplo, a decisão da ACD 19 validou a proteção legal outorgada às mulheres pela Lei Maria da Penha; a ADPF 54 possibilitou o aborto de

27. Por exemplo, Estefânia Maria de Queiroz Barboza e André Demétrio buscam mapear o constitucionalismo feminista, no STF, buscando, na pesquisa jurisprudencial, as expressões "constitucionalismo feminista", "direito das mulheres", "gênero feminino", "aborto", "maternidade", "contraceptivo", "licença-maternidade", "direitos reprodutivos", "direito à autonomia sexual e reprodutiva", "jornada extraordinária" e "mulher". Essa metodologia pode levar a resultados equívocos, como mencionado no texto. Ver BARBOZA, Estefânia Maria de Queiroz; DEMETRIO, André. Quando o gênero bate à porta do STF: a busca por um constitucionalismo feminista. In: **Revista Direito GV**, v. 15, n. 3, e1930, 2019.

feto anencefálico com diversas considerações sobre o sofrimento que essa condição causa na mulher. De modo significativo, no que tange ao direito ao trabalho, enfatizado neste tópico, o STF já decidiu, no Tema 973 de Repercussão Geral:

> O teste de aptidão física para a candidata gestante pode ser remarcado, posto direito subjetivo que promove a igualdade de gênero, a busca pela felicidade, a liberdade reprodutiva e outros valores encartados pelo constituinte como ideário da nação brasileira. 2) A remarcação do teste de aptidão física, como único meio possível de viabilizar que a candidata gestante à época do teste continue participando do certame, estende-lhe oportunidades de vida que se descortinam para outros, oportunizando o acesso mais isonômico a cargos públicos. 3) O princípio da isonomia se resguarda, ainda, por a candidata ter de, superado o estado gravídico, comprovar que possui a mesma aptidão física exigida para os demais candidatos, obtendo a performance mínima. (...) A remarcação do teste de aptidão física realiza com efetividade os postulados constitucionais, atingindo os melhores resultados com recursos mínimos, vez que o certame prossegue quanto aos demais candidatos, sem descuidar do cânone da impessoalidade. 9) A continuidade do concurso em geral, com reserva de vagas em quantidade correspondente ao número de candidatas gestantes, permite que Administração Pública gerencial desde logo supra sua deficiência de contingente profissional, escopo último do concurso, assim como permite que os candidatos aprovados possam ser desde logo nomeados e empossados, respeitada a ordem de classificação. 10) O adiamento fundamentado na condição gestatória se estende pelo período necessário para superação da condição, cujas condições e prazos devem ser determinados pela Administração Pública, preferencialmente em edital, resguardada a discricionariedade do administrador público e o princípio da vinculação às cláusulas editalícias. 11) A inexistência de previsão em edital do direito à remarcação, como no presente

> caso, não afasta o direito da candidata gestante, vez que fundado em valores constitucionais maiores cuja juridicidade se irradia por todo o ordenamento jurídico. Por essa mesma razão, ainda que houvesse previsão expressa em sentido contrário, assegurado estaria o direito à remarcação do teste de aptidão para a candidata gestante. 12) A mera previsão em edital do requisito criado pelo administrador público não exsurge o reconhecimento automático de sua juridicidade. 13) A gravidez não se insere na categoria de "problema temporário de saúde" de que trata o Tema 335 de Repercussão Geral. É que a condição de gestante goza de proteção constitucional reforçada, por ter o constituinte estabelecido expressamente a proteção à maternidade, à família e ao planejamento familiar. 14) Nego provimento ao recurso, para fixar a tese de que "É constitucional a remarcação do teste de aptidão física de candidata aprovada nas provas escritas que esteja grávida à época de sua realização, independentemente da previsão expressa em edital do concurso público".
>
> (RE 1058333, Relator(a): LUIZ FUX, Tribunal Pleno, julgado em 21/11/2018, PROCESSO ELETRÔNICO REPERCUSSÃO GERAL – MÉRITO DJe-185 DIVULG 24-07-2020 PUBLIC 27-07-2020)

De modo similar, no Tema 528, o Supremo Tribunal Federal afirmou:

> EMENTA Recurso extraordinário. Repercussão geral reconhecida. Direito do Trabalho e Constitucional. Recepção do art. 384 da Consolidação das Leis do Trabalho pela Constituição Federal de 1988. Constitucionalidade do intervalo de 15 minutos para mulheres trabalhadoras antes da jornada extraordinária. Ausência de ofensa ao princípio da isonomia. Mantida a decisão do Tribunal Superior do Trabalho. Recurso não provido. 1. O assunto corresponde ao Tema nº 528 da Gestão por Temas da Repercussão Geral do portal do Supremo Tribunal Federal na internet. 2. O princípio

> da igualdade não é absoluto, sendo mister a verificação da correlação lógica entre a situação de discriminação apresentada e a razão do tratamento desigual. 3. A Constituição Federal de 1988 utilizou-se de alguns critérios para tratamento diferenciado entre homens e mulheres: i) em primeiro lugar, levou em consideração a histórica exclusão da mulher do mercado regular de trabalho e impôs ao Estado a obrigação de implantar políticas públicas, administrativas e/ou legislativas de natureza protetora no âmbito do direito do trabalho; ii) considerou existir um componente orgânico a justificar o tratamento diferenciado, em virtude da menor resistência física da mulher; e iii) observou um componente social, pelo fato de ser comum o acúmulo pela mulher de atividades no lar e no ambiente de trabalho – o que é uma realidade e, portanto, deve ser levado em consideração na interpretação da norma. 4. Esses parâmetros constitucionais são legitimadores de um tratamento diferenciado desde que esse sirva, como na hipótese, para ampliar os direitos fundamentais sociais e que se observe a proporcionalidade na compensação das diferenças. 5. Recurso extraordinário não provido, com a fixação da seguinte tese jurídica: "O art. 384 da CLT, em relação ao período anterior à edição da Lei n. 13.467/2017, foi recepcionado pela Constituição Federal de 1988, aplicando-se a todas as mulheres trabalhadoras".
>
> (RE 658312 2ºJULG, Relator(a): DIAS TOFFOLI, Tribunal Pleno, julgado em 15/09/2021, PROCESSO ELETRÔNICO REPERCUSSÃO GERAL - MÉRITO DJe-240 DIVULG 03-12-2021 PUBLIC 06-12-2021)

Ainda em linha semelhante, na ADI 5.220, o Supremo Tribunal afirmou que

> 3. O disposto no art. 41 da Constituição da República, pelo qual se estabelece que a obtenção da estabilidade no serviço público ocorre após três anos de efetivo exercício, deve ser interpretado em consonância com os princípios constitucionais da igualdade de gênero,

> proteção à maternidade, dignidade da mulher e planejamento familiar. 4. É constitucional o cômputo do período de licença à gestante no período do estágio probatório da servidora pública pelo imperativo da máxima efetividade dos direitos fundamentais. (ADI 5220, Relator(a): CÁRMEN LÚCIA, Tribunal Pleno, julgado em 15/03/2021, PROCESSO ELETRÔNICO DJe-055 DIVULG 22-03-2021 PUBLIC 23-03-2021)

Recentemente, o próprio STF, em medida cautelar em ADI (ADI 7.486 MC-Ref, Tribunal Pleno, Rel. Min. Dias Toffoli, j. 11/12/2023), afastou a validade de norma do estado do Pará que limitava a dez por cento o ingresso de mulheres em concursos militares estaduais (Polícia Militar e Corpo de Bombeiros).

O ministro Dias Toffoli, relator do caso, ressaltou que normas desse tipo violam os princípios da isonomia e da universalidade do acesso aos cargos públicos. Nota-se que é uma norma presente na maioria dos estados brasileiros, pois a PGR ingressou com outras dezessete ações no mesmo sentido: Tocantins (ADI 7479), Sergipe (ADI 7480), Santa Catarina (ADI 7481), Roraima (ADI 7482), Rio de Janeiro (ADI 7483), Piauí (ADI 7484), Paraíba (ADI 7485), Pará (ADI 7486), Mato Grosso (ADI 7487), Minas Gerais (ADI 7488), Maranhão (ADI 7489), Goiás (ADI 7490), Ceará (ADI 7491) e Amazonas (ADI 7492), Rondônia (ADI 7556), Acre (ADI 7557) e Bahia (ADI 7558). Mais uma vez, ao analisar explicitamente a perspectiva do sexo, o STF se mostrou sensível às violações apontadas.

Na ementa, o relator ressaltou que a limitação de vagas em razão do sexo é critério desarrazoado de distinção entre indivíduos. Tais discriminações apenas seriam possíveis para "emancipar indivíduos em desvantagem", o que não ocorre nesse caso (na verdade, ocorre o contrário: limitação de acesso às vagas pelo grupo historicamente vulnerável).

EMENTA Ação direta de inconstitucionalidade. Referendo de medida cautelar. Artigo 37-A, § 1º, da Lei nº 6.626/04 do Estado do Pará, inserido pela Lei nº 8.342/16. Previsão da possibilidade de a Administração convocar concurso público para a Polícia Militar com número de vagas distinto em razão do sexo. Ausência de ofensa reflexa. Critério legal de desequiparação. Violação do princípio da igualdade. Ofensa ao princípio da universalidade de acesso aos cargos públicos e ao princípio da reserva legal. Concursos em andamento. Previsão de reserva de vagas para mulheres em quantidade inferior à disponível para candidatos do sexo masculino. Homologação de acordo para a continuidade dos concursos em andamento sem limitação da participação feminina. Medida cautelar parcialmente referendada. Acordo judicial homologado. 1. O objeto da presente ação não se esgota na análise dos editais de concurso público que se fundamentaram no dispositivo impugnado, mas cuida da discussão relativa à possibilidade ou não de lei autorizar que a Administração Pública estabeleça um dado percentual de cargos a ser preenchido a depender do sexo do candidato. 2. O critério utilizado pela norma como discrímen para o ingresso nos quadros da Polícia Militar do Estado do Pará ofende as normas constitucionais que vedam a criação de distinções desarrazoadas entre indivíduos, sendo certo que, especificamente no que diz respeito às relações de trabalho, a Constituição Federal proíbe (art. 7º, inciso XXX) a diferenciação de critério de admissão por motivo de sexo, preceito extensível à admissão no serviço público por expressa disposição constitucional (art. 39, § 3º). 3. O tratamento desigual só se justifica quando o critério de distinção eleito é legítimo, à luz dos preceitos constitucionais e dos compromissos internacionais assumidos pelo país, e quando tem por finalidade emancipar indivíduos em desvantagem, o que não ocorre no caso da norma impugnada, a qual desconsidera o difícil processo histórico de inserção das mulheres no mercado de trabalho. 4. Embora a Constituição Federal preveja que os cargos públicos

> são acessíveis "na forma da lei", não pode o legislador erigir condição de admissão que viola direitos fundamentais e aprofunda a desigualdade substancial entre indivíduos. 5. O concurso público, acessível a todos que preencham os legítimos requisitos legais, é o meio mediante o qual a Administração, de modo impessoal e isonômico, seleciona os melhores candidatos para servir à sociedade, realizando, além dos princípios citados, o postulado da eficiência no serviço público, a qual somente pode ser alcançada dentro de uma compreensão pluralista, em que sejam contemplados os mais diversos segmentos e categorias que compõem o tecido social. 6. Por fim, é certo que a norma delega ao administrador um espaço de discricionariedade incompatível com o princípio da reserva legal que rege o concurso público, permitindo que ele estabeleça uma espécie de cláusula de barreira aplicável aos candidatos do sexo feminino sem qualquer razoabilidade. 7. Realização de acordo judicial entre as partes interessadas para permitir o prosseguimento dos certames que se regularam pela norma ora impugnada sem a limitação da participação feminina prevista nos editais de convocação. 8. Medida cautelar parcialmente referendada para manter suspensa a eficácia do art. 37-A, § 1º, da Lei nº 6.626, de 3/2/04, inserido pela Lei nº 8.342, de 14/1/16, até que sobrevenha o julgamento de mérito. 9. Acordo judicial homologado. (ADI 7486 MC-Ref, Relator(a): DIAS TOFFOLI, Tribunal Pleno, julgado em 12-12-2023, PROCESSO ELETRÔNICO DJe-s/n DIVULG 19-12-2023 PUBLIC 08-01-2024)

Por outro lado, quando a perspectiva de sexo não foi explicitamente abordada, a discussão no Brasil ficou aquém da profundidade do debate nos EUA. A comparação entre as decisões do STF e da Suprema Corte dos EUA, nos casos relativos a estatura mínima denota, neste tribunal, um debate mais aderente aos fatos do caso, enquanto, no Brasil, a consideração genérica de proporcionalidade acaba sendo o único fundamento concretamente utilizado. Mais ainda, enquanto a questão de diferença entre os sexos é o principal tema da decisão americana, condutor do raciocínio, no Brasil, essa consideração sequer é ventilada por nenhum dos ministros ou ministras.

Cabe ressaltar também a análise comparativa que se pode fazer entre essa situação e o caso em Personnel Administrator of Massachusetts v Feeney[28]. Neste julgado, a Suprema Corte entendeu que uma norma que dava preferência a veteranos de guerra em contratações não era inconstitucional, ainda que impactasse desproporcionalmente sobre as mulheres – dado que estas são minoria nas forças militares. Na visão da corte, o propósito da lei seria valioso e não discriminatório com as mulheres, não havendo prova de intenção discriminatória[29].

No caso, Helen Feeney trabalhou por doze anos como estenógrafa da Commonwealth of Massachusetts e perdeu diversas oportunidades de ascender a funções superiores em virtude da mencionada preferência, estabelecida no Massachusetts Veterans' Preference Law. A preferência para os veteranos, nesse caso, é absoluta: independentemente da nota obtida no teste, eles eram posicionados à frente dos não veteranos.

Como mencionado no capítulo anterior, a Feeney marca uma derivação da jurisprudência norte-americana no rumo da intenção discriminatória, na linha de Washington v. Davis[30], que dificulta bastante a aplicação da teoria do impacto desproporcional. A Suprema Corte expressa um receio de que a teoria vá longe demais e acabe inviabilizando

28. 442 U.S. 256 (1979).
29. "The appellee... has simply failed to demonstrate that the law in any way reflects a purpose to discriminate on the basis of sex."
30. 426 U.S. 229 (1976).

políticas valiosas, como as destinadas aos veteranos de guerra. Mas, como aponta a literatura, a solução para esse problema pode ser buscada em outros parâmetros, que não o intento discriminatório. Por exemplo, em seu voto concorrente, o Justice Stevens ressalva que essa é uma norma que poderia, de forma plausível e racional, ser explicada sem uma classificação baseada em sexo, mas sim na necessidade pública relevante de se alocar de forma favorecida na sociedade os veteranos de guerra[31].

Por outro lado, o caso da exigência de estatura mínima desproporcional à média nacional só pode ser explicado em termos de sexo. Não há nenhum outro valor público promovido quando se exige uma estatura proporcionalmente superior para mulheres do que para homens. Mesmo que se admita que o requerimento de estatura é suficientemente relacionado às atividades militares para sustentar a constitucionalidade da sua exigência, esta deve ser calibrada de modo a incidir sobre as mulheres da mesma forma que incide sobre os homens.

Há dois casos peculiares, no contexto brasileiro, que merecem ser considerados. O Exército, na sua seleção para a Escola Preparatória de Cadetes do Exército, é especialmente leniente com os homens: embora a estatura mínima exigida para mulheres de qualquer idade seja de 1,55m, para os homens com até 16 anos de idade admite-se o mínimo 1,57m, desde que haja exame médico que ateste a possibilidade (não a certeza) de crescimento futuro[32]. Essa tolerância é especialmente discriminatória com as mulheres. Primeiro,

31. "This is not a law that can plausibly be explained only as a gender-based classification".

32. Edital disponível em <https://espcex.eb.mil.br/downloads/Edital_EsPCEx_2022-2023.pdf>. Normas constantes do art. 136, II. Acesso em 17jan 23.

porque, segundo o IBGE, aos 16 anos, homens já têm estatura média de 1,70m, enquanto a das mulheres é de 1,60. Assim, o Exército aplica o redutor de 3 cm na exigência, exatamente o número que separa os homens de 16 anos da média adulta, de 1,73m, mas não concede sequer 1cm de benefício às mulheres, embora tal diferença também exista para a média do sexo feminino, entre os 16 anos e a idade adulta. Em segundo lugar, como o exame médico apenas atesta a possibilidade de crescimento, mas não a assegura, um homem pode tornar-se oficial do Exército com 1,57m de altura, caso essa possibilidade não se concretize. Com isso, um candidato seria admitido mesmo estando 16cm abaixo da média nacional. A aplicação do mesmo critério, para as mulheres, implicaria a exigência de estatura mínima de 1,45m, 10cm aquém da efetivamente demandada.

O segundo caso é o da Aeronáutica. Em seu edital de ingresso para o Curso Preparatório de Cadetes do Ar do ano de 2023, consta que "os Alunos deverão apresentar estatura mínima de 1,64m e máxima de 1,87m, na última INSPSAU realizada no CPCAR (...) atendendo aos requisitos antropométricos exigidos pelo fabricante da cadeira de ejeção que equipa a aeronave T-27/T-27M (Tucano), utilizada na Instrução de Voo da AFA"[33].

Como se percebe, nesse caso, a situação é bastante diversa. O requisito de estatura está fundado em uma exigência objetiva da função de aviador, que são os requisitos exigidos pela cadeira utilizada no avião. Embora se possa considerar o viés discriminatório que fez com que o fabricante tenha equipado a aeronave com um banco apto a atender apenas pessoas com pelo menos 1,64m, uma vez que essa é a realidade, ela justifica, de forma objetiva, o requisito

33. <https://www.fab.mil.br/cabine/concursos/IE_EA_CPCAR_31032022.pdf>. Item 2.7.2.1. Acesso em 17 jan 23.

editalício, mesmo que este incida de modo desproporcional sobre as mulheres. Cabe notar que o limite máximo da estatura, embora não seja comum entre homens, muito raramente desclassificará mulheres. Trata-se, portanto, de uma exigência que é justificável, conquanto acarrete impacto desproporcional. Esse parâmetro analítico, que preserva a análise de impacto desproporcional, mas dispensa a indagação de intencionalidade, parece mais apropriado para a análise de casos difíceis.

Em conclusão, exigências de recrutamento relacionadas a condições físicas somente podem ser consideradas como compatíveis com o art. 5º, I, da Constituição brasileira de 1988, se não incidirem de forma desproporcionalmente gravosa sobre as mulheres. No caso da exigência de estatura, quando ela for considerada compatível com as características do cargo, deverá haver uma diferenciação que leve em conta a média nacional, o que significa que qualquer exigência de estatura deve ser 12 cm inferior para as pessoas do sexo feminino, em relação àquela feita para os homens.

Todo esse debate denota que ainda há muito o que se avançar, em matéria de acesso igualitário ao trabalho para mulheres. Como pontua Maxine Eichner, o impacto desproporcional de determinadas exigências ocupacionais sobre as mulheres limita a sua empregabilidade, excluindo-as de campos inteiros de trabalho e reservando a elas apenas aqueles trabalhos que são considerados apropriados, os quais, não raro, são os menos remunerados. Conforme aponta a autora, aproximadamente metade das mulheres trabalha em profissões cuja força de trabalho é formada por 80% ou mais de mulheres. Isso faz com que as mulheres tenham menos oportunidades concretas de emprego, em profissões menos remuneradas, o que explica a diferença entre a massa salarial de homens e mulheres, que se verifica no mundo[34], bem como o menor poder de gerencial de mulheres nas empresas, mesmo quando comparadas a homens que estão no mesmo nível e na mesma organização[35].

3. IMPACTO DESPROPORCIONAL EM MATÉRIA PREVIDENCIÁRIA

Conforme mencionado no item anterior, o Supremo Tribunal Federal Brasileiro tem-se mostrado sensível às questões de igualdade entre os sexos. O STF, assim como todo o Judiciário brasileiro, aderiu aos objetivos de desenvolvimento sustentável (ODS) da Agenda 2023 das Nações Unidas. Isso faz com que o tribunal identifique, inclusive em seu site, os julgamentos que têm potencial para impactar na referida agenda, criando também um site específico para análise do seu andamento[36]. O objetivo nº 5 dessa agenda é a igualdade de gênero.

Nesse sentido, o tribunal foi sensível ao impacto desproporcional – embora sem utilizar essa terminologia – de normas previdenciárias que teriam potencial para impactar negativamente sobre a situação da mulher no mercado de trabalho. O primeiro julgado relevante é o Tema de Repercussão Geral 72[37], no qual debateu-se a constitucionalidade da incidência da contribuição previdenciária "patronal"

34. EICHNER, Maxine. Getting Women Work That Isn't Women's Work: Challenging Gender Biases in the Workplace Under Title VII. In: **The Yale Law Journal**, vol. 97, 1988, p. 1397 e ss.

35. NAYEE, Bina. Where breaking glass ceilings leads to glass walls: gender-disparate managerial decision-making power and authority. In: **Fordham Law Review**, vol. 87, 2018, p. 371 e ss.

36. <https://portal.stf.jus.br/hotsites/agenda-2030/>. Há 39 decisões identificadas como pertinentes a igualdade de gênero. Acesso em 17 jan 2023.

37. RE 576967, Relator(a): ROBERTO BARROSO, Tribunal Pleno, julgado em 05/08/2020, PROCESSO ELETRÔNICO REPERCUSSÃO GERAL - MÉRITO DJe-254 DIVULG 20-10-2020 PUBLIC 21-10-2020.

sobre o salário-maternidade. Considerando que esse benefício teria natureza salarial, a União vinha impondo contribuição de custeio patronal sobre ele, ainda que, durante esse período, a mulher não esteja trabalhando. Isso significa que o empregador teria que suportar um custo decorrente de um trabalho que não lhe está sendo prestado. Como, salvo casos excepcionalíssimos, apenas as mulheres fazem jus ao benefício, isso significaria que as empregadas teriam custo maior ao empregador que os empregados.

A cobrança havia sido validada pelo Tribunal Regional Federal da 4ª Região, porém, o Supremo Tribunal Federal afirmou a inconstitucionalidade da exação. Fora outras considerações de natureza tributária, não pertinentes ao escopo deste trabalho, afirmou o Ministro Barroso:

> 55. Acerca especificamente dos efeitos da maternidade no custo de contratação de mulheres, a OIT realizou estudo abrangendo cinco países da América Latina, dentre eles o Brasil, e concluiu que, relativamente ao caso brasileiro, os custos adicionais para o empregador correspondem a 1,2% da remuneração bruta mensal da mulher. Referido quantum está associado à responsabilização pela prestação, a cargo da Previdência Social, e a partir do pagamento, pelo empregador, de quotas ao seguro social. Além disso, o estudo aponta que o empregador contrata um substituto para realizar as funções da empregada durante parte da licença-maternidade (36% dos dias), o que, consequentemente, já importa em incremento nos custos, em virtude dos direitos trabalhistas associados a essa contratação.
>
> 56. Dessa forma, para fins de reflexão, propõe-se colocar no lugar de um gestor de empresa privada que possui duas opções de contratação para a mesma vaga: um homem e uma mulher, ambos com 30 anos de idade e recém-casados com os seus respectivos cônjuges, com currículos exatamente iguais e mesmas

> notas atribuídas no processo seletivo. Tendo em mente os custos acima e imaginando que ambos os candidatos desejam ter filhos a curto prazo, não é difícil responder à pergunta sobre quem seria selecionado para o emprego. (...)
>
> 59. Por esse motivo, a desoneração da mão de obra feminina é medida que se impõe, uma vez que, no atual sistema previdenciário, as mulheres são as principais beneficiárias do salário-maternidade e são elas que ficam afastadas durante o período de licença, de modo que o empregador já se verá obrigado a contratar outro funcionário ou deslocar alguém para a função desenvolvida por ela na sua ausência. É necessário, portanto, que o Estado não imponha quaisquer ônus adicionais a uma situação que já é, por si só, mais cara ao empregador, que não pode sofrer o desestímulo estatal para a contratação de mão de obra feminina. (...)
>
> 64. Assim, admitir a incidência de contribuição previdenciária sobre o salário-maternidade importa permitir uma discriminação incompatível com o texto constitucional e com os tratados internacionais sobre direitos humanos dos quais o Brasil é signatário – notadamente a Convenção no 103 da OIT os quais possuem natureza de norma supralegal, na linha da jurisprudência desta Corte. Isso porque há oneração superior da mão de obra feminina, comparativamente à masculina, restringindo o acesso das mulheres aos postos de trabalho disponíveis no mercado, em nítida violação à igualdade de gênero preconizada pela Constituição da República.

A linha argumentativa desenvolvida é em tudo análoga à da teoria do impacto desproporcional. De fato, a norma tributária é, prima facie, neutra, determinando a incidência da contribuição patronal sobre a folha de salários. Contudo, se o salário-maternidade constar da sua base de cálculo, o empregador será, como ressalta o ministro, mais onerado ao contratar mulheres do que homens, dado que pagará a contribuição sobre o salário da mulher afastada e do seu substituto no período. A decisão do STF, nesse caso, evitou o impacto desproporcional.

O segundo caso julgado pelo Supremo Tribunal Federal, também pertinente ao possível impacto desproporcional de normas previdenciárias, é a ADI 1946, rel. Min. Sydney Sanches, julgada em 3 de abril de 2003. A questão controversa era a norma do art. 14 da Emenda Constitucional 20/98, que instituiu o teto de benefício da previdência social. Embora a norma tenha salutar conteúdo para o equilíbrio das contas públicas em matéria previdenciária, ela cria um conflito, mais uma vez, com o salário-maternidade. Como o art. 7º, XVIII, assegura à mulher licença sem prejuízo do emprego e do salário, a discussão passou a ser quem deveria pagar a diferença entre o teto do benefício previdenciário, à época, R$ 1.200,00, e o efetivo salário da gestante afastada. Afirmou o relator:

> EMENTA: – DIREITO CONSTITUCIONAL, PREVIDENCIÁRIO E PROCESSUAL CIVIL. LICENÇA-GESTANTE. SALÁRIO. LIMITAÇÃO. AÇÃO DIRETA DE INCONSTITUCIONALIDADE DO ART. 14 DA EMENDA CONSTITUCIONAL Nº 20, DE 15.12.1998. ALEGAÇÃO DE VIOLAÇÃO AO DISPOSTO NOS ARTIGOS 3º, IV, 5º, I, 7º, XVIII, E 6º, § 4º, IV, DA CONSTITUIÇÃO FEDERAL. 1. O legislador brasileiro, a partir de 1932 e mais claramente desde 1974, vem tratando o problema da proteção à gestante, cada vez menos como um encargo trabalhista (do empregador) e cada vez mais como de natureza previdenciária. Essa orientação foi mantida mesmo após a Constituição de 05/10/1988, cujo art. 6° determina: a proteção à maternidade deve ser realizada "na forma desta Constituição", ou seja, nos termos previstos em seu art. 7º, XVIII: "licença à gestante, sem prejuízo do empregado e do salário, com a duração de cento e vinte dias". 2. Diante desse quadro histórico, não é de

se presumir que o legislador constituinte derivado, na Emenda 20/98, mais precisamente em seu art. 14, haja pretendido a revogação, ainda que implícita, do art. 7º, XVIII, da Constituição Federal originária. Se esse tivesse sido o objetivo da norma constitucional derivada, por certo a E.C. nº 20/98 conteria referência expressa a respeito. E, à falta de norma constitucional derivada, revogadora do art. 7º, XVIII, a pura e simples aplicação do art. 14 da E.C. 20/98, de modo a torná-la insubsistente, implicará um retrocesso histórico, em matéria social-previdenciária, que não se pode presumir desejado. 3. Na verdade, se se entender que a Previdência Social, doravante, responderá apenas por R$1.200,00 (hum mil e duzentos reais) por mês, durante a licença da gestante, e que o empregador responderá, sozinho, pelo restante, ficará sobremaneira, facilitada e estimulada a opção deste pelo trabalhador masculino, ao invés da mulher trabalhadora. Estará, então, propiciada a discriminação que a Constituição buscou combater, quando proibiu diferença de salários, de exercício de funções e de critérios de admissão, por motivo de sexo (art. 7º, inc. XXX, da C.F./88), proibição, que, em substância, é um desdobramento do princípio da igualdade de direitos, entre homens e mulheres, previsto no inciso I do art. 5º da Constituição Federal. Estará, ainda, conclamado o empregador a oferecer à mulher trabalhadora, quaisquer que sejam suas aptidões, salário nunca superior a R$1.200,00, para não ter de responder pela diferença. Não é crível que o constituinte derivado, de 1998, tenha chegado a esse ponto, na chamada Reforma da Previdência Social, desatento a tais consequências. Ao menos não é de se presumir que o tenha feito, sem o dizer expressamente, assumindo a grave responsabilidade. 4. A convicção firmada, por ocasião do deferimento da Medida Cautelar, com adesão de todos os demais Ministros, ficou agora, ao ensejo deste julgamento de mérito, reforçada substancialmente no parecer da Procuradoria Geral da República. 5. Reiteradas as considerações feitas nos votos, então proferidos, e nessa manifestação do Ministério

> Público federal, a Ação Direta de Inconstitucionalidade é julgada procedente, em parte, para se dar, ao art. 14 da Emenda Constitucional nº 20, de 15.12.1998, interpretação conforme à Constituição, excluindo-se sua aplicação ao salário da licença gestante, a que se refere o art. 7º, inciso XVIII, da Constituição Federal. 6. Plenário. Decisão unânime.
>
> (ADI 1946, Relator(a): SYDNEY SANCHES, Tribunal Pleno, julgado em 03/04/2003, DJ 16-05-2003 PP-00091 EMENT VOL-02110-01 PP-00123)

Nota-se uma linha argumentativa, mais uma vez, similar à noção de impacto desproporcional. A interpretação literal do texto constitucional, apesar de, prima facie, neutro em matéria de sexo, teria significativo impacto negativo sobre as mulheres. Como perfeitamente percebe o relator, nenhum empregador se disporia a pagar mais que o teto de benefícios da previdência social para uma mulher, dada a possibilidade de, ocorrido o afastamento, ter que arcar com todo o salário superior a esse montante, sem que a empregada esteja trabalhando.

Logo, nesses dois julgados, embora não se valha dos aportes teóricos do impacto desproporcional, o Supremo Tribunal Federal corretamente percebe o potencial lesivo em matéria de sexo de normas que, textualmente, são neutras e, sem indagar qual foi a intenção do legislador, afasta essa interpretação.

Particularmente, no segundo julgado, o Min. Sanches realiza um movimento interpretativo que é sugerido pela doutrina norte-americana, que é o de presumir a intenção do legislador a partir dos efeitos que a norma causaria, em vez de uma investigação histórica[38]. Conforme

38. A pesquisa histórica da aprovação das normas é uma técnica de interpretação bastante comum nos Estados Unidos, embora pouco utilizada no Brasil. Por exemplo, em Cannon v. University of Chicago, 441 U.S. 677 (1979),

supratranscrito, o julgador menciona que "não é crível que o constituinte derivado, de 1998, tenha chegado a esse ponto, na chamada Reforma da Previdência Social, desatento a tais

---

a Suprema Corte afirmou "the legislative history of Title IX rather plainly indicates that Congress intended to create a private cause of action. Title IX was patterned after Title VI of the Civil Rights Act of 1964, and the drafters of Title IX explicitly assumed that it would be interpreted and enforced in the same manner as Title VI, which had already been construed by lower federal courts as creating a private remedy when Title IX was enacted". O uso de tal recurso interpretativo é menos problemático nesse caso, dado que a norma interpretada é de 1964 e a decisão, de 1979. O problema mais grave do pensamento norte-americano está na tese denominada originalismo, que é a busca do sentido original, pretendido pelo legislador, mesmo no texto constitucional e nas emendas, aprovados há mais de duzentos anos. Há vasta literatura, tanto em defesa, quanto com duras críticas a esse método, associado a juristas conservadores. Ver, por exemplo, BENNETT, Robert; SOLUM, Lawrence. **Constitutional Originalism**: A Debate. Ithaca: Cornell University Press, 2011; CHEMERINSKY, Erwin. **Worse Than Nothing**: The Dangerous Fallacy of Originalism. New Haven: Yale University Press, 2022. O caso Cannon v. University of Chicago contém uma discussão que é interessante do ponto de vista do direito norte-americano: determinar se uma garantia de direitos implica ou não a possibilidade de exigência da implementação do direito pelo próprio interessado. Na teoria norte-americana, a garantia de um "right" pela lei não implica, necessariamente, a garantia de um "private remedy", ou seja, o direito de que o particular se valha da norma no judiciário: "The Court of Appeals quite properly devoted careful attention to this question of statutory construction. As our recent cases -- particularly Cort v. Ash, 422 U. S. 66 -- demonstrate, the fact that a federal statute has been violated and some person harmed does not automatically give rise to a private cause of action in favor of that person". Nesse caso, a discussão era se o Title IX do Civil RIghts Act de 1964, que proíbe o repasse de verbas federais a programas educacionais que discriminem com base em sexo, poderia ser utilizado por um particular, vítima de discriminação, dado que não há previsão expressa nesse sentido, ou se a norma seria apenas direcionada a permitir que o governo federal interrompesse os repasses. A Corte entendeu que o Title IX continha um "implied private remedy" e, por isso, a autora da ação poderia dele valer-se para demandar direitos para si. Por outro lado, em Alexander v. Sandoval, 532 U.S. 275 (2001), a Corte entendeu que o Title VI do Civil Rights Act não contém um "private right of action". O caso era contra o estado do Alabama que, embora recebesse fundos federais, somente realizava provas para obtenção de carteira de motorista em inglês, o que impactaria desproporcionalmente sobre imigrantes. Cabe observar que a composição da Corte, de 1979 para 2001, havia derivado consideravelmente para o lado conservador.

consequências". Essa conclusão não deriva de uma pesquisa dos debates de aprovação da emenda, nem de algum tipo de construção contemporânea a sua elaboração, mas apenas da análise dos efeitos práticos da suposta desatenção do legislador aos efeitos da disposição.

Nesse ponto, mais uma vez, o posicionamento da Suprema Corte brasileira é mais avançado, do ponto de vista analítico, do que a norte-americana.

4. IMPACTO DESPROPORCIONAL NA LEI DE ALIENAÇÃO PARENTAL – LEI 12.318/2010

4.1 A teoria de Richard Gardner

A chamada "síndrome de alienação parental", cuja teoria deu origem à lei de alienação parental, foi criada psiquiatra e perito norte-americano Richard Gardner na década de 1980, para explicar a recusa de crianças em conviver com um dos genitores e o aumento de alegações de abuso sexual nos processos de divórcio[39]. O fenômeno da alienação parental ocorreria quando, de forma imotivada, uma criança rejeita um dos genitores em razão da influência do outro genitor, combinada com as contribuições da própria criança[40].

39. SOTTOMAYOR, Maria Clara. **A fraude da síndrome de alienação parental e a protecção das crianças vítimas de abuso sexual.** Comunicação proferida na Conferência Internacional "O Superior Interesse da Criança e o Mito da "Síndrome de Alienação Parental", 2011. Disponível em <http://www.eas.pt/wp-content/uploads/2014/01/A-fraude-da-SAP-e-a-protecç_o-das-crianças-v%C3%ADtimas-de-abuso-sexual.pdf>. Acesso em 10 jan. 2023.

    SOTTOMAYOR, Maria Clara - Uma análise crítica da síndrome de alienação parental e os riscos da sua utilização nos Tribunais de Família. In: **Julgar**. ISSN 1646-8853. N.º 13 (2011), p. 73-107. Disponível em <http://julgar.pt/wp-content/uploads/2015/10/073-107-Alienação-parental.pdf> Acesso em 10 jan. 2023.

40. STAHL, Philip M. Understanding and Evaluating Alienation in High-Conflict Custody Cases. In: **Wisconsin Journal of Family Law**, Vol. 24, 1, 2004. p. 1.

Gardner diferencia alienação parental (AP) e Síndrome da alienação parental (SAP), considerando a síndrome como o reflexo da alienação parental na criança, suas sequelas emocionais, comportamentais e psicológicas, bem como o comportamento da própria criança alienada de rejeição ao genitor alienado. Para o autor, a SAP representaria um cenário de abuso emocional e psicológico exercido sobre a criança ou adolescente.

O pensamento de Gardner se baseou em teorias anteriores, cujas reflexões eram parecidas com as suas, em que se forneciam explicações para o que chamavam de falsas alegações de abuso sexual em processos de divórcio, ou, ainda, síndrome de Medeia, ou síndrome da mãe maliciosa, dentre outras denominações[41].

Tanise de Siqueira[42] aponta que, na maioria dos estudos de Gardner, a mulher é colocada na posição de alienadora e que os textos sugerem que as mães projetariam suas próprias inclinações sexuais pelos pais ao trazer acusações de abuso. A partir da leitura do conjunto da obra de Gardner, a autora cogita que a toda a teoria da alienação parental teria sido criada como forma de normalizar a institucionalizar a pedofilia[43].

---

41. SOUSA, A. M. Síndrome da alienação parental: análise de um tema em evidência. Centro de Educação e Humanidades. Instituto de Psicologia. Programa de Pós-Graduação em Psicologia Social. Universidade do Estado do Rio de Janeiro, 2009.

42. SIQUEIRA, Tanise de. Alienação Parental: a ponta do "iceberg" para institucionalização da pedofilia. In: **Revista Empodere.** n.04. p. 42-47. Brasil: Revista Empodere, 2018.

43. A autora assevera: Afirmava, ainda, de forma simplista e com claro preconceito ao gênero feminino que 90% dos alienadores eram mães "furiosas" que encontram nas falsas alegações de abuso sexual, poderosas armas contra seus ex-maridos a fim de obterem a guarda, cortar a visitação ao pai ou vingar-se. Além disto, Gardner, maliciosamente sugeria que quando uma mulher acusa o pai de molestar o filho, ela poderia estar projetando suas próprias inclinações sexuais por ele. SIQUEIRA, Tanise de. Alienação

O próprio Gardner teve atuação profissional controversa, não apenas pelas tentativas frustradas de reconhecimento de tua teoria nos índices internacionais de doenças, conforme se relata a seguir, mas também por ter atuado na defesa de homens acusados de pedofilia. Meier e Dickinson[44] apontam que Gardner foi, posteriormente, alvo de acusações de pedofilia em razão de suas posições defendidas no livro *True and False Accusations of Child Sex Abuse*, de 1992[45], consideradas pela crítica especializada como favoráveis ao abuso de crianças e, sobretudo, por asseverar que, em geral, em casos em que há disputa de guarda judicial, as alegações de abuso sexual seriam falsas.

Josimar Mendes demonstra que, tal como as demais teorias, os textos iniciais de Gardner também apresentavam um viés misógino mais evidente[46]. Em decorrência das críticas de setores feministas, no início dos anos 2000, não sem resistência, a teoria da alienação parental passou a ser redigida com um "agente neutro" ou genitor neutro no papel de alienador, porém sem qualquer alteração de seu conteúdo, que já vinha carregado de misoginia, mas agora passava a disfarçar sua parcialidade sob um mando de neutralidade.

Parental: a ponta do "iceberg" para institucionalização da pedofilia. In: **Revista Empodere**. n.04. p. 42-47. Brasil: Revista Empodere, 2018.

44. MEIER, J. S.; DICKSON, S. Mapping Gender: Shedding Empirical Light on Family Courts' Treatment of Cases Involving Abuse and Alienation. In: **Law & Ineq.**, v. 35, pp. 311-334, 2017.

45. MENDES, Josimar Antônio de Alcântara Genealogia, Pressupostos, Legislações e Aplicação da Teoria de Alienação Parental: uma (re)visão crítica. In: **Debatendo sobre alienação Parental**: diferentes perspectivas. Conselho Federal de Psicologia, 2019, p. 11-35. Disponível em <https://site.cfp.org.br/wp-content/uploads/2019/11/Livro-Debatendo-sobre-Alienacao-Parental-Diferentes-Perspectivas.pdf>. Acesso em 12 jan 2023.

46. MENDES, Josimar Antônio de Alcântara. Genealogia, Pressupostos, Legislações e Aplicação da Teoria de Alienação Parental: uma (re)visão crítica. In: SILVA, I. R. da (org.). **Debatendo sobre Alienação Parental**: Diferentes Perspectivas. Brasília: Conselho Federal de Psicologia, 2019. p. 11-35. Disponível em: <https://bit.ly/3elsXmg>. Acesso em 12 jan. 2023.

Em texto de 2002, Gardner se queixa de ser rotulado de sexista por apresentar, sem qualquer base científica, uma teoria que atribui às mulheres padrões de personalidade negativos. Em uma queixa recorrente entre aqueles que são apontados como preconceituosos, o autor argumenta que tem sido arriscado ou considerado politicamente incorreto apontar diferenças não fisiológicas entre homens e mulheres[47].

É certo que as teorias de Garner, tentando desviar-se das críticas, adotaram uma denominação explicitamente mais neutra, e, com isso, ganharam espaço de convencimento. Ao adotar uma aparência de neutralidade para a questão de sexo, a alienação parental ganha aspecto mais cientificista e é capaz de convencer interlocutores inicialmente isentos, inclusive alguns autores com histórico de trabalhos acerca dos direitos das mulheres, como é o caso da ex desembargadora Maria Berenice Dias, cujos textos refletem toda a misoginia que Gardner tentou camuflar[48].

---

47. Gardner assevera que: In recent years it has become "politically risky" and even "politically incorrect" to describe gender differences. Such differentiations are acceptable for such disorders as breast cancer and diseases of the uterus and ovaries. But once one moves into the realm of personality patterns and psychiatric disturbances, one is likely to be quickly branded a "sexist" (regardless of one's sex). And this is especially the case if it is a man who is claiming that a specific psychiatric disorder is more likely to be prevalent in women. GARDNER, R. A. Parental alienation syndrome vs. parental alienation: Which diagnosis should evaluators use in child-custody disputes? **American Journal of Family Therapy**, 30(2), 93-115, (2002). Disponível em: <https://www.fact.on.ca/Info/pas/gard02b.htm>. Acesso em 12 jan 2023.

48. Ver, por exemplo: DIAS, Maria Berenice. O direito dos filhos a seus pais. In: BARUFI, Melissa Telles; ARAÚJO, Sandra Maria Baccara. **Alienação Parental**: vidas em preto e branco. Escola Superior de Advocacia da OAB/RS. Porto Alegre, 2012. Disponível em <https://www.mpma.mp.br/arquivos/CAOPIJ/docs/2._ Cartilha_Alienacao_Parental_ OAB-RS.pdf>. Acesso em 10 jan 2023. DIAS, Maria Berenice. **Alienação Parental e suas Consequências**. Disponível em <https://berenicedias.com.br/alienacao-parental-e-suas-consequencias/>. Acesso em 12 jan 2023. DIAS, Maria Berenice. **Manual**

Com a adoção legislativa da teoria de Gardner no Brasil, o que se observa é que o impacto das alegações de alienação parental ainda tem recaído de maneira recorrente sobre as mulheres, como se discutirá em seguida.

Segundo Gardner, haveria oito "sintomas" que apontariam para a caracterização da Síndrome de Alienação Parental: 1) uma campanha de difamação contra o genitor-alvo; 2) racionalizações frívolas para a crítica da criança em relação ao genitor-alvo; 3) ausência de ambivalência (valores iguais); 4) o fenômeno do pensador independente, isto é, afirmações contundentes de que a decisão de rejeitar o genitor é só dela (a criança); 5) apoio reflexivo do genitor alienador contra o genitor-alvo; 6) ausência de culpa do genitor-alvo acerca dos alegados maus-tratos ou exploração (sexual) supostamente sofridos pela criança; 7) cenários, frases e situações emprestadas do genitor alienante; e 8) espraiamento da animosidade da criança em direção à família estendida do genitor-alvo[49].

Na teoria de Gardner[50] são apontados três níveis de alienação parental, que variam entre leve, moderada e grave de acordo com o grau de hostilidade apresentado pela criança/adolescente em relação ao genitor alienado. Também são apontadas diversas consequências da AP para as crianças, como ansiedade, depressão, dupla personalidade e suicídio.

---

de Direito das Famílias. 15. ed. Ver., atual. e ampliada. Salvador: Editora Juspodivm, 2022.DIAS, Maria Berenice. Alienação parental: uma nova lei para um velho problema. In: **IBDFAN**, 2010. Disponível em: <www.ibdfan.org.br>. Acesso em 10 jan 2023

49. GARDNER, Richard A. Parental Alienation Syndrome vs. Parental Alienation: Which Diagnosis Should Evaluators Use in Child-Custody Disputes? In: **The American Journal of Family Therapy**, 30 (2):93-115, 2002. Disponível em <https://www.fact.on.ca/Info/pas/gard02b.htm>. Acesso em 09 jan 2023.

50. GARDNER, R. A. Denial of the Parental Alienation Syndrome Also Harms Women. **American Journal of Family Therapy**, v. 30, n. 3, pp.191-202, 2002d.

No entanto, nenhum estudo científico corroborou tais conclusões, sendo esta uma das principais críticas às teorias de Gardner.

A comunidade acadêmica tem realizado severas críticas à SAP (ou PAS, na sigla em inglês)[51]. A principal delas é de que sua teoria não tem qualquer respaldo científico, não há dados empíricos que corroborem suas explicações, nem foi reconhecida por qualquer associação médica internacional. Ao contrário disso, a American Psychological Association manifestou-se contrariamente à inclusão da SAP no DSM-5 (Diagnostic and Statistical Manual of Mental Diseases, Fifth Edition), principal manual de saúde mental para definir o diagnóstico de transtornos mentais, realizado pela Associação Americana de Psiquiatria[52].

Os argumentos apresentados indicaram a falta de evidência suficiente para que a SAP fosse considerada um diagnóstico psiquiátrico, referindo-se aos textos de Gardner como relatórios sem fundamento. Da mesma maneira, não foi atribuída CID (International Classification of Diseases, em português Classificação Estatística Internacional de Doenças e Problemas Relacionados com a Saúde) à Síndrome de Alienação Parental. Ou seja, não pode ser considerada tecnicamente como uma síndrome ou doença em diagnósticos de saúde.

---

51. Ver, por exemplo: WOOD, Cheri. The Parental Alienation Syndrome: A Dangerous Aura of Reliability, In: **Los Angeles Law Review**, 1994, 1367-1415; ISMAN, Danielle, Gardner's Witch-Hunt. In: **UC Davis Journal of Juvenile Law & Policy**, 1996. BRUCH Carol, Parental Alienation Syndrome and Parental Alienation: Getting it Wrong in Child Custody Cases, 35. In: **Family Law Quarterly,** Vol. 14, No. 4, pp. 381-400, 2002. Disponível em: <https://ssrn.com/abstract=2084769>. Acesso em 23 jan 2023.

52. BERNET, Willian; BAKER, Amy J.L. Parental alienation, DSM-5, and ICD-11: response to critics. In: **The journal of the American Academy of Psychiatry and the Law.** vol. 41,1 (2013): 98-104. Disponível em: < https://jaapl.org/content/jaapl/41/1/98.full.pdf>. Acesso em 23 jan 2023.

As teorias de Gardner não foram aceitas com valor de precedentes vinculantes nos tribunais norte-americanos[53]. Entretanto, ao fornecerem respostas simples e lineares a problemas multifatoriais e complexos como a rejeição dos filhos a um dos genitores no processo de divórcio e as alegações de abusos e violência sexuais, o pensamento de Gardner, além de ter servido como fundamento de muitas decisões nos EUA, conquistou adeptos em diversos países, como o Brasil, México e Portugal.

4.2 Usos e aplicações da teoria da Alienação Parental

Apesar das críticas por seu caráter pouco técnico e sem respaldo científico, com apoio de nomes influentes, como o da advogada, ex-desembargadora e uma das fundadoras do IBDFAM, Maria Berenice Dias, a teoria de Gardner foi adotada (embora não explicitamente) na elaboração da Lei 12.318/2010, conhecida como Lei de Alienação Parental.

Rachel Menezes[54] aponta a Lei de Alienação Parental como um backlash[55] legislativo baseado em estereótipos de gênero, criada a partir da iniciativa de grupos como a

53. SOTTOMAYOR, Maria Clara - Uma análise crítica da síndrome de alienação parental e os riscos da sua utilização nos Tribunais de Família. In: **Julgar**. ISSN 1646-8853. N.º 13 (2011), p. 73-107Disponível em <http://julgar.pt/wp-content/uploads/2015/10/073-107-Alienação-parental.pdf> Acesso em 10 jan 2023.

54. MENEZES, Rachel Serodio de. O outro lado da lei de alienação parental: a violência contra mulheres e crianças legitimadas pelo sistema de justiça. In: ***Latinidade*** – Revista do Núcleo de Estudos das Américas. Volume 12, Número 2, p. 147-169, Julho – Dezembro 2020 Disponível em <https://summumiuris.com.br/wp-content/uploads/2021/11/O-outro-lado-da-lei-de-alienacao-parental-a-violencia-contra-mulheres-e-criancas-legitimadas-pelo-sistema-de-justica.pdf>. Acesso em 09 jan 2023.

55. O dicionário Collins define backlash como: "A backlash against a tendency or recent development in society or politics, is a sudden, strong reaction against it". O primeiro exemplo, curiosamente, fala de uma reação masculina ao feminismo: "...the male backlash against feminism. ...a right-wing

Associação de Pais Separados (APASE) e o IBDFAM (Instituto Brasileiro de Direito de Família).

Corroborando a ideia de se tratar de um backlash conservador, tal como defendido por Menezes[56], a Lei de Alienação parental foi aprovada apenas quatro anos após a edição da Lei Maria da Penha, esta que foi resultado da responsabilização do Estado brasileiro pela Comissão Internacional de Direitos Humanos (CIDH) por sua tolerância com a violência doméstica.

Em cartilha elaborada pela Escola Superior de Advocacia da OAB/RS em 2012, fica claro o viés de gênero adotado na prática da aplicação da Lei de Alienação Parental[57]. Em texto que inicialmente critica os papéis de gênero atribuídos a pessoas do sexo masculino e feminino, traz afirmações genéricas e carregadas de misoginia[58] de que as mães seriam vingativas ao não superarem o término de um relacionamento, utilizando os filhos como ferramentas de manipulação e controle.

---

backlash.". Disponível em <https://www.collinsdictionary.com/dictionary/english/backlash>. Acesso em 05 nov 2023.

56. Idem.
57. BARUFI, Melissa Telles; ARAÚJO, Sandra Maria Baccara. Alienação Parental: vidas em preto e branco. Escola Superior de Advocacia da OAB/RS. Porto Alegre, 2012. Disponível em <https://www.mpma.mp.br/arquivos/CAOPIJ/docs/2._Cartilha_Alienacao_Parental_OAB-RS.pdf>. Acesso em 10 jan 2023.
58. O texto afirma que: "Esse aprendizado, ou melhor, adestramento a que a mulher é submetida, faz com que ela sinta-se [sic] dona dos filhos. Assim era quando criança, com suas bonecas. Além do dado cultural, há o respaldo biológico. O filho se desenvolve no ventre materno. A mãe o amamenta depois do nascimento. Claro que só pode sentir que o filho é uma propriedade dela".

    DIAS, Maria Berenice. O direito dos filhos a seus pais. In: Barufi, Melissa Telles; Araújo, Sandra Maria Baccara. **Alienação Parental**: vidas em preto e branco. Escola Superior de Advocacia da OAB/RS. Porto Alegre, 2012. Disponível em <https://www.mpma.mp.br/arquivos/CAOPIJ/docs/2._ Cartilha_Alienacao_Parental_ OAB-RS.pdf>. Acesso em 10 jan 2023.

Interessante notar que, apesar dos esforços de Gardner em ocultar o sexismo em suas teorias, atribuindo o comportamento alienador a um "agente neutro" e do texto da lei, que não trata de pais e mães, mas de genitores neutros, os textos informativos de advogados não se preocupam em esconder o que consideram ser o provável sexo do alienante.

Maria Berenice Dias assevera, em diversas ocasiões[59], que a mãe seria quem ocuparia o papel de alienadora por "não conseguir elaborar adequadamente o luto da separação". Sem apresentar qualquer fundamento além da teoria de Gardner, a autora aponta que haveria a implantação de falsas memórias de abuso sexual e incesto nas crianças pelas mães, que passariam a não mais distinguir a realidade[60].

---

59. Ver, por exemplo: DIAS, Maria Berenice. O direito dos filhos a seus pais. In: Barufi, Melissa Telles; Araújo, Sandra Maria Baccara. *Alienação Parental: vidas em preto e branco*. Escola Superior de Advocacia da OAB/RS. Porto Alegre, 2012. Disponível em <https://www.mpma.mp.br/arquivos/CAO-PIJ/docs/2._ Cartilha_Alienacao_Parental_ OAB-RS.pdf>. Acesso em 10 jan 2023.

    DIAS, Maria Berenice. *Alienação Parental e suas Consequências*. Disponível em <https://berenicedias.com.br/alienacao-parental-e-suas-consequencias/>. Acesso em 12 jan 2023.

    DIAS, Maria Berenice. Manual de Direito das Famílias. 15. ed. Ver., atual. e ampliada. Salvador: Editora Juspodivm, 2022.

    DIAS, Maria Berenice. *Alienação parental: uma nova lei para um velho problema*. IBDFAN, 2010. Disponível em: www.ibdfan.org.br. Acesso em 10 jan 2023

    DIAS, Maria Berenice. *Síndrome da alienação parental, o que é isso?* Disponível em: <https:// edisciplinas.usp.br/pluginfile.php/4897269/mod_resource/content/1/1_-_s%C3%ADndrome_da_ alienação__parental%2C_o_que_é_isso%20Maria%20Berenice%20Dias.pdf>. Acesso em 11 jan 2023.

60. O texto segue afirmando que: Neste jogo de manipulações, todas as armas são utilizadas, inclusive a assertiva de ter sido o filho vítima de abuso sexual. A narrativa de um episódio durante o período de visitas que possa configurar indícios de tentativa de aproximação incestuosa é o que basta.

Glaucia Batalha e Maiane Serra[61] apontam que a exposição de motivos do Projeto de Lei n. 4.053/2008[62], que deu origem à Lei de Alienação Parental, adota a teoria de Gardner, ainda que não explicitamente. A exposição reproduz, na íntegra, texto de Maria Berenice Dias[63] no qual a autora, além de fundamentar-se exclusivamente na teoria de Gardner (e aqui, sim, a fundamentação é explícita), deixa claro que considera a mãe como alienante, traz visão

---

Extrai-se deste fato, verdadeiro ou não, denúncia de incesto. O filho é convencido da existência de um fato e levado a repetir o que lhe é afirmado como tendo realmente acontecido. Nem sempre a criança consegue discernir que está sendo manipulada e acaba acreditando naquilo que lhes foi dito de forma insistente e repetida. Com o tempo, nem a mãe consegue distinguir a diferença entre verdade e mentira. A sua verdade passa a ser verdade para o filho, que vive com falsas personagens de uma falsa existência, implantando-se, assim, falsas memórias. (...) O mais doloroso – e ocorre quase sempre – é que o resultado da série de avaliações, testes e entrevistas que se sucedem durante anos acaba não sendo conclusivo. Mais uma vez depara-se o juiz diante de um dilema: manter ou não as visitas, autorizar somente visitas acompanhadas ou extinguir o poder familiar; enfim, manter o vínculo de filiação ou condenar o filho à condição de órfão de pai vivo cujo único crime eventualmente pode ter sido amar demais o filho e querer tê- lo em sua companhia. DIAS, Maria Berenice. Síndrome da alienação parental, o que é isso? Disponível em: <https://edisciplinas.usp.br/pluginfile. php/4897269/mod_resource /content /1/1_-_s%C3%ADndrome_ da_alienação__parental%2C_ o_que _é_isso% 20Maria %20Berenice %20Dias.pdf>. Acesso em 11 jan 2023.

61. BATALHA, Glaucia Fernanda Oliveira Martins; SERRA, Maiane Cibele de Mesquista. Produções discursivas de gênero: uma reflexão crítica sobre a Lei 12.318/2010 e a "Síndrome da Alienação Parental". **Revista de Direito da Família e Sucessão**, Belém, v. 5, n. 2, p. 19-37, jul./dez. 2019. p. 27. [*online*]. Disponível em: https://indexlaw.org/index.php/direitofamilia/article/view/5912. Acesso em: 10 jan. 2023.

62. Projeto de Lei n. 4.053/2008, de autoria do Deputado Regis de Oliveira, do PSC/SP. Disponível em <https://www.camara.leg.br/proposicoesWeb/prop_mostrarintegra?codteor=601514&filename=PL%204053/2008>. Acesso em 12 jan 2023.

63. O texto reproduzido no projeto de lei é DIAS, Maria Berenice. Síndrome da alienação parental, o que é isso? Disponível em: <https://edisciplinas.usp.br/pluginfile. php/4897269/mod_resource /content /1/1_-_s%C3%ADndrome_ da_alienação__parental%2C_ o_que _é_isso% 20Maria %20Berenice %20Dias.pdf>. Acesso em 11 jan 2023.

misógina sobre características femininas ao apontar que a mulher se sente rejeitada, abandonada e com "tendência vingativa"[64].

Assim, pode-se inferir que a aprovação da Lei da Alienação Parental foi realizada sem que fossem consideradas pesquisas e estudos mais aprofundados sobre o tema, ou mesmo quaisquer das críticas que já eram realizadas desde que Gardner lançou seus primeiros textos, positivando no ordenamento brasileiro um quadro psicopatológico infantil sem base científica comprovada.

Com a leitura apenas do texto da lei, Conrado Paulino da Rosa defende que, por usar o termo "genitor", a Lei de Alienação Parental seria neutra. O autor adere a uma nova nomenclatura, alienação familiar, que sugere que outros entes poderiam realizar a alienação. O texto adota, sem críticas, os pressupostos de Gardner[65].

Bruna Waquim faz a defesa de Gardner e assevera que seus textos foram retirados de contexto nas acusações de justificação da pedofilia e que, considerada a conjuntura da

64. O trecho mais carregado de sexismo é provavelmente: "No entanto, muitas vezes a ruptura da vida conjugal gera na mãe sentimento de abandono, de rejeição, de traição, surgindo uma tendência vingativa muito grande. Quando não consegue elaborar adequadamente o luto da separação, desencadeia um processo de destruição, de desmoralização, de descrédito do ex-cônjuge. Ao ver o interesse do pai em preservar a convivência com o filho, quer vingar-se, afastando este do genitor". (Projeto de Lei n. 4.053/2008)

65. ROSA, Conrado Paulino da. Conflitos Familiares e sua abordagem em juízo. In: Barros, Alcina Juliana Soares; Rosa, Conrado Paulino da; Brazil, Glicia Barbosa de Mattos. **Perícias psicológicas e Psiquiátricas nos processos de família**. Salvador: Juspodivm, 2022. p. 15-62. O texto assevera que "sem medir consequências, o outro genitor se transforma uma espécie de "vodu" de bruxaria, e as agulhas que o perpassam são os filhos. Custe o que custar, buscar a infelicidade do outro passa a ser o principal objetivo, mesmo que isso custe a vida da própria prole".

época em que Gardner publicou seus escritos, seria natural que a mãe fosse apontada como alienadora[66].

A autora assevera que, nas décadas de 1970 e 1980 a maioria das ações de divórcio concedia a guarda dos filhos às mulheres e que, em 2011, 87,6% dos divórcios culminaram com a guarda dos filhos delegada às mães. A partir dessas estatísticas, conclui que Gardner apenas observou o cotidiano das varas de família, que seria "mulheres usando artimanhas para afastar os pais de seus filhos"[67], pois as mulheres, naquele momento, exerciam a maior parte do cuidado com os filhos.

Segundo Bruna Waquim, portanto, a investigação de alienação parental seria indiferente ao sexo do alienador e a Lei n. 12.318/2010, por não explicitar os estereótipos de gênero presentes nas pesquisas de Gardner, teria caráter neutro e protetivo às crianças e adolescentes.

Em sua tese de doutorado sobre o mesmo tema, Bruna Waquim[68] questiona as críticas à falta de critério científico nas pesquisas de Gardner. A autora discute o próprio conceito de ciência e os métodos utilizados nos tribunais americanos para validação de conceitos científicos. Como justificativa, são apontados os estudos anteriores a Gardner,

---

66. WAQUIM, Bruna Barbieri. **Quem tem medo da Alienação Parental?** Mitos e verdades que precisam ser explicados. IBDFAM, 2020. Disponível em: <https://ibdfam.org.br/artigos/ 1499/Quem+tem+medo+da+Alienação+Parental%3F+Mitos+e+verdades+que+precisam+ser+ explicados >. Acesso em 16 jan 2023.

67. Idem, p. 3.

68. WAQUIM, Bruna Barbieri. **A integração da alienação parental à doutrina da proteção integral**: repercussões jurídico-políticas do enquadramento da alienação familiar induzida como situação de risco. 2020. Tese (Doutorado em Direito) - Centro Universitário de Brasília, Brasília, 2020.Disponível em: < https://repositorio.uniceub.br/jspui/handle/prefix/15190>. Acesso em 16 jan. 2023.

sem, no entanto, reconhecer que poderia haver um viés de gênero nessas observações.

Ainda que se considerem verdadeiros os números e argumentos apresentados no artigo[69], a conclusão extraída deles está longe de ser unívoca. Pode revelar, por exemplo, a existência de um viés de gênero que atribui às mulheres o papel de cuidado, conforme apontado por Carolina Criado Pérez[70]. Associar a prevalência de mulheres detentoras da guarda dos filhos em casos de divórcio à prática de alienação parental não parece ser um argumento muito honesto. E, ainda que se aceite a premissa de que mulheres são alienadoras em razão de serem com mais frequência as detentoras da guarda dos filhos, e que, por isso, seriam mais

---

69. O texto assevera que "Ora, Gardner começou a escrever sobre a Síndrome da Alienação Parental em 1970, 1980! Quem você acha que recebia a guarda dos filhos, nessa época? As mulheres, em virtude da aplicação do Paradigma da Tenra Infância nos juízos de família! Só para comparar: aqui no Brasil, essa cultura é tão forte, que em 2011, 87,6% dos divórcios concedidos no Brasil terminaram com a guarda das crianças e adolescentes delegada às mães, e só em 5,4% se aplicou a guarda compartilhada.

    Como Gardner começou, nesse momento histórico em que as mulheres exerciam culturalmente de forma mais incisiva o cuidado contínuo com seus filhos, a perceber os malefícios de se romperem os limites da conjugalidade com os parentalidade, ele acabou se referindo mais ao que via acontecer no cotidiano das varas de família: mulheres usando artimanhas para afastar os pais de seus filhos. Porém, Gardner mesmo chegou a se desculpar e a reconhecer que pais também praticam Alienação Parental, para afastar mães de seus filhos. Isso significa que Alienação Parental não é uma questão de gênero: é uma questão de maldade, às vezes até inconsciente, quando um adulto usa uma criança ou adolescente para atingir um outro adulto".

    WAQUIM, Bruna Barbieri. *Quem tem medo da Alienação Parental? Mitos e verdades que precisam ser explicados*, IBDFAM, 2020. Disponível em: <https://ibdfam.org.br/artigos/1499/Quem+tem+medo+da+Alienação+Parental%3F+Mitos+e+verdades+que+precisam+ser+explicados>. Acesso em 16 jan 2023.

70. CRIADO PEREZ, Caroline. **Invisible Women**: exposing data bias in a world designed for men. Londres: Chatto & Windus, 2019.

demandadas nas ações de alienação parental, isso já revelaria indícios de impacto desproporcional da norma sobre um grupo vulnerável, as mulheres.

A tese de Bruna Waquim tenta rebater alguns dos argumentos em favor da revogação da Lei de Alienação parental. Argumenta que, em 2017, mais de cem mil mulheres teriam saído vitoriosas de processos de disputa de guarda, enquanto apenas 7.521 dos homens a teriam recebido a guarda dos filhos[71]. O argumento, tal como colocado, não se sustenta cientificamente, ainda que possa ser utilizado em processos judiciais. Isso porque os números não informam se a disputa de guarda seria uma disputa pela guarda unilateral dos filhos ou por outro regime de guarda, diferente do que fora fixado.

O texto ainda faz referência ao tipo penal de denunciação caluniosa, asseverando que "não é demais recordar que o tipo penal da Denunciação Caluniosa continuará existindo no ordenamento jurídico mesmo se a Lei de Alienação Parental for revogada"[72]. Sendo este o caso, desnecessária a previsão da Lei de Alienação Parental, considerando que o tipo penal é mais abrangente e exige o dolo. Situações em que a alienação parental tem sido usada como resposta às acusações de violência e abuso têm sido frequentes na jurisprudência nacional e internacional, como se discute a seguir. Permitir que abusadores se utilizem da Lei de Alienação Parental como forma de vingança seria deixar ainda

71. WAQUIM, Bruna Barbieri. **A integração da alienação parental à doutrina da proteção integral**: repercussões jurídico-políticas do enquadramento da alienação familiar induzida como situação de risco. 2020. Tese (Doutorado em Direito) - Centro Universitário de Brasília, Brasília, 2020.Disponível em: <https://repositorio.uniceub.br/jspui/handle/prefix/15190>. Acesso em 16 jan 2023.

72. Idem, p. 105.

mais vulneráveis os sujeitos que a lei pretende proteger, tornando contraditórios os objetivos da lei.

Contrariamente ao que argumenta Bruna Waquim, Nina Jaffe-Geffner[73] demonstra em pesquisa empírica que os tribunais têm utilizado a alienação parental para descreditar alegações apresentadas pelas mães acerca de violência doméstica e abuso. A autora evidencia também que a alienação parental tem justificado inversões de guarda em desfavor das mães.

Daniel Saunders apresenta estudo em que demonstra que, embora a percepção no judiciário seja de que haveria um alto índice mães que apresentam falsas alegações de violência e abuso, na verdade esses números são muito baixos[74]. O que existe, de fato, são casos de uso da alienação parental como forma de defesa em processos de violência e abuso. Não há razões para crer que tais números seriam muito diferentes no Brasil. No tópico seguinte, apresentamos algumas comparações.

Luciana Barbosa et al. apresentam estudo qualitativo de dois casos do TJDFT nos quais foram apresentadas alegações de alienação parental no contexto da disputa de guarda[75]. Os autores concluem que os pressupostos da alienação parental são contrários à compreensão sistêmica e da

---

73. JAFFE-GEFFNER, Nina. Gender Bias in Cross-Allegation Domestic Violence-Parental Alienation Custody Cases: Can States Legislate the Fix?. In: **Columbia Journal of Gender and Law,** 42(1), 58–111, 2022. Disponível em: <https://doi.org/10.52214/cjgl.v42i1.9373>. Acesso em 19 jan 2023.

74. SAUNDERS, Daniel G. et al., **Child Custody Evaluators' Beliefs About Domestic Abuse Allegations**: Their Relationship to Evaluator Demographics, Background, Domestic Violence Knowledge and Custody-Visitation Recommendations, 114 (2012). Disponível em <https://www.ojp.gov/pdffiles1/nij/grants/238891.pdf>. Acesso em 19 jan. 2023.

75. BARBOSA, L.; MENDES, J.; MARTINS JURAS, M. Dinâmicas disfuncionais, disputa de guarda e alegações de alienação parental: uma compreensão sistêmica. **Nova Perspectiva Sistêmica,** *[S. l.]*, v. 30, n. 69, p. 78–95, 2021. DOI:

complexidade das relações familiares, formulando respostas "simplistas, lineares e rígidas", que não são adequadas aos conflitos familiares.

Joan Meier e Sean Dickson realizam extensa pesquisa empírica na qual foram analisadas 238 decisões de juízes e tribunais nos Estados Unidos, entre 2002 e 2013[76]. O estudo observou que os juízos de família tendem a conceder acesso indiscriminado ou, ainda, custódia a pais abusivos e aumentando as separações entre os filhos e suas mães protetoras, especialmente nos casos em que as mães alegaram abuso sexual.

Contrariando o senso comum em que muitas pesquisas insistem em se basear, os autores apontam que foi observada, já na década de 1990, uma tendência que favorece os pais nos litígios de custódia. Da mesma forma, pesquisas empíricas demonstraram a falta de experiência em violência doméstica e abuso infantil dos peritos forenses. Isso torna o sistema ainda mais perverso para as mulheres, pois, nesses casos, o juízo tende a confiar na avaliação dos peritos.

Embora, conforme já discutido em tópico anterior, a alienação parental e a síndrome dela decorrente (PAS) não tenham fundamento empírico ou científico, baseando-se em estereótipos de gênero associados ao sexo feminino, o argumento tem sido vastamente utilizado nos tribunais americanos (e no Brasil, como se demonstra a seguir) como forma de defesa para refutar as acusações de violência doméstica e abuso infantil.

10.38034/nps.v30i69.612. Disponível em: <https://www.revistanps.com.br/nps/article/view/612>. Acesso em: 19 jan. 2023.

76. MEIER, Joan S.; DICKSON, Sean. Mapping Gender: Shedding Empirical Light on Family Courts' Treatment of Cases Involving Abuse and Alienation. **Law & Ineq.**, v. 35, pp. 311-334, 2017.

Os autores concluíram que em 82% dos casos, as alegações de alienação parental eram realizadas pelos pais contra as mães. Apenas alegar a ocorrência de alienação parental fez com que os pais passassem a ter duas vezes mais chances de obter uma decisão favorável, o que representa um viés de gênero bastante significativo.

Outro dado interessante apontado por Joan Meier e Sean Dickson reside na comparação de resultado das alegações de alienação parental por pais e mães: pais que alegam haver alienação parental têm mais de duas vezes mais chances de obter a guarda do que mães que alegam alienação parental. Os autores asseveram que não surpreende que uma teoria criada para proteger pais nos casos em que as mães denunciam abuso sexual tenha um viés de gênero tão pronunciado.

No Brasil, Josimar Mendes observa a existência de três ondas em relação à alienação parental: descoberta, no início dos anos 2000, por associações e ONGs de pais separados; engajamento, na segunda metade dos anos 2000, com a mobilização dessas associações para o reconhecimento da AP; legalização, em 2010, com a aprovação da Lei 12.318/2010, o que fez as alegações de AP crescerem exponencialmente no judiciário; questionamento, a partir dos dois anos seguintes à aprovação da Lei, com a observação de operadores do Direito e de publicações científicas, e que culmina com os pedidos de revogação da Lei de Alienação Parental[77].

Segundo o autor, o Brasil foi o primeiro país a positivar a AP, seguido pelo México, que já declarou a

77. MENDES, Josimar Antônio de Alcântara. Genealogia, Pressupostos, Legislações e Aplicação da Teoria de Alienação Parental: uma (re)visão crítica. In: SILVA, I. R. da (org.). Debatendo sobre Alienação Parental: Diferentes Perspectivas. Brasília: Conselho Federal de Psicologia, 2019. p. 11-35. Disponivel em: <https://bit.ly/3elsXmg>. Acesso em 15 jan. 2023.

inconstitucionalidade de sua legislação sobre o tema. Dentre os argumentos adotados, reconheceu-se que a AP promove a discriminação de mulheres[78]. Houve uma tentativa de legalização também no Canadá, mas os argumentos foram refutados em análise prévia à aprovação legislativa. Outros países também rejeitaram a utilização da AP como fundamento decisivo nos juízos de família, como Nova Zelândia, Austrália, Estados Unidos e Reino Unido. Ou seja, apenas no Brasil o reconhecimento da AP tem suporte legislativo.

Josimar Mendes et al. realiza revisão dos artigos publicados sobre AP no Brasil a partir do sistema de classificação Qualis-Capes. Os autores observam que 94% dos artigos publicados que corroboravam a teoria da AP encontravam-se nos estratos B4 e C, que são os de qualidade científica mais baixa (não preenchem os requisitos de qualidade e confiabilidade científica impostos pela Capes). Por outro lado, os artigos que criticavam a teoria da AP foram publicados em periódicos avaliados como A2 e B1[79]. Apenas essa informação já nos fornece indícios de que a teoria da AP carece de comprovação e validação científica. Nesse sentido, pode-se

78. O texto assevera que: "Desde 2006, o DJC desaconselha a utilização dos conceitos de AP e SAP no processo de tomada de decisão sobre guarda de crianças e adolescentes. Em 2014, o México modificou o seu Código Civil e inseriu o artigo 323 para combater a AP e a SAP. Contudo, em 2017, a Suprema Corte do país declarou o artigo 323 inconstitucional. Além de não garantir, de fato, os melhores interesses da criança, o referido artigo promovia a discriminação das mulheres perante à Corte (já que tradicionalmente as mães é que seriam as alienadoras) e colocava as crianças em risco ao conceder e/ou reverter a guarda a possíveis genitores abusadores. A falta de cientificidade por trás da teoria de AP também foi um dos motivos levados em conta".

79. MENDES, Josimar Antônio de Alcântara; BUCHER-MALUSCHKE, Julia Sursis Nobre Ferro. et al. Publicações Psicojurídicas sobre Alienação Parental: uma revisão integrativa de literatura em português. **Revista Psicologia em Estudo**, Maringá, v. 21, n. 1, pp.161-174, 2016. Disponível em: <https://periodicos.uem.br/ojs/index.php/PsicolEstud/article/view/29704/pdf>. Acesso em 10 jan. 2023.

inferir que a positivação dessa teoria no ordenamento jurídico brasileiro foi realizada sem a necessária análise de seu conteúdo e, especialmente, do impacto que causaria.

A teoria da AP trata a criança/adolescente como objeto e não como sujeitos completos e ativos. Sob a justificativa de promover a seus melhores interesses, a Lei de Alienação parental promove os interesses do genitor tido como alienado e contraria os desejos expressos de crianças/adolescentes.

Stephanie Dallam realiza extensa pesquisa empírica sobre lides envolvendo direito de família nos Estados Unidos e Canadá. Os resultados são alarmantes. Além do viés de sexo, que coloca suspeitas sobre os relatos de violência doméstica das mulheres, a pesquisa evidenciou que os litígios que envolvem a custódia dos filhos tendem a se transformar em plataformas nas quais os abusadores tentam perpetrar seu controle sobre as vítimas mesmo após a separação[80].

Além disso, a pesquisa demonstrou que embora os números não apontem para uma maior incidência de falsos relatos de violência doméstica e abuso, os operadores do Direito tendem a suspeitar desses relatos e frequentemente decidem baseados em critérios não científicos (nos quais pode-se incluir a teoria da AP, que, conforme já apontado, não pode ser considerada científica, ainda que sejam alargados os critérios de definição de ciência, como preconizam alguns autores), falsas interpretações e avaliações enviesadas. As decisões, não raro, revitimizam mulheres e crianças.

---

80. DALLAM Stephanie. Are “Good Enough” Parents Losing Custody to Abusive Ex-Partners? In: **Leadership Council on Child Abuse & Interpersonal Violence**, 2008, pp. 8-10. Disponível em: <http://www.leadershipcouncil.org/1/pas/dv.html>. Acesso em 12 jan. 2023.

Não há razões para crer que no Brasil, um país de sociedade com características altamente conservadoras e machistas[81], os resultados sejam diferentes.

4.3 A Ação Direta de Inconstitucionalidade n. 6.273/DF

Em 2019, foi proposta no Supremo Tribunal Federal a Ação Direta de Inconstitucionalidade n. 6.273/DF, que questionava a constitucionalidade da Lei de Alienação Parental. A ação foi proposta pela Associação de Advogadas pela Igualdade *de* Gênero (AAIG). A petição inicial apontou que, embora pareça, *prima facie*, uma norma neutra e que visaria a proteção das crianças e adolescentes, na prática, a Lei de Alienação parental tem sido utilizada como argumento de defesa de agressores de mulheres e crianças.

Os argumentos de incompatibilidade com os preceitos constitucionais são baseados em proporcionalidade e inadequação aos fins a que se destina. As autoras também abordam, sem aprofundar-se no tema, o impacto desproporcional da norma sobre as mulheres, ao reforçar estereótipos e preconceitos de gênero.

As autoras apresentam estudo jurisprudencial de 453 casos julgados no Tribunal de Justiça do Rio Grande do Sul.

---

81. Sobre o tema, ver, por exemplo, os resultados das pesquisas pelo Fórum Econômico Mundial, que colocaram o Brasil entre as nações mais machistas do mundo, em 2008: <https://exame.com/economia/sociedade-brasileira-esta-entre-as-mais-machistas-do-mundo-m0061284/>.

Diversas reportagens tratam do tema. Ver, por exemplo: <https://www.unifesp.br/edicao-atual-entrementes/item/2266-brasil-e-o-5-pais-que-mais-mata-mulheres>.

<https://www.scielo.br/j/elbc/a/dBkbHBQnY7RFxnfLHXDLPfF/?lang=pt>.

<https://jornal.usp.br/atualidades/pesquisa-comprova-vies-machista-e-conservador-entre-economistas/>.

O estudo demonstrou que, nos casos em que alegada a tese da alienação parental, as mulheres representam a maioria dos condenados e que as disputas envolvem, em sua maioria, meninas.

Um dos pedidos de amicus curiae apresentados nesta ADI é do IBDFAM, instituto que apoiou e promoveu campanha em favor da aprovação da Lei de Alienação Parental. Apesar de reconhecer que há problemas quanto à interpretação da lei e ao uso de laudos considerados inconclusivos, o IBDFAM defende a manutenção da integralidade do texto legal. Ignorando as alegações de impacto desproporcional sobre as mulheres, assevera, na petição que requer a participação como *amicus curiae*, que "O abuso sexual e a alienação parental, com a implantação de falsas memórias, sobretudo no tocante às falsas denúncias, devem receber o mesmo tratamento por parte do Poder Judiciário".

O instituto defende que haveria um retrocesso legislativo caso a Lei de Alienação Parental fosse revogada, em razão de sua suposta garantia do melhor interesse da criança e do adolescente, ofertando-lhes ampla convivência familiar. Não são abordadas as questões trazidas na inicial sobre violações de direitos das mulheres.

Também requereu participação como *amicus curiae* a Associação Brasileira Criança Feliz – ABCF. A associação alega que, conforme descrito em seu estatuto, um de seus objetivos seria a defesa dos "direitos de igualdade parental" e que isso significaria, numa enorme extrapolação, que também seria entidade de promoção da igualdade de gênero.

Esse ponto merece uma consideração. É lição consagrada de Direto Constitucional que a isonomia conferida pela Constituição não se resume a seu aspecto formal, mas consagra-se por sua dimensão material, tratando-se os desiguais desigualmente, na medida dessa desigualdade. Canotilho ensina que a igualdade justa é questão que deve ser colocada para determinar se uma lei trata indivíduos desiguais de forma igualmente justa. O autor justifica que o que se proíbe é o arbítrio: indivíduos tratados desigualmente sem que haja fundamento material para esse tratamento[82]. Ou, invertendo-se o raciocínio, a materialidade do princípio da igualdade só é alcançada quando há tratamento desigual para aqueles em situação de desigualdade.

Nesse sentido, a simples afirmação de que a entidade promove "direitos de igualdade parental" no Estatuto de uma associação não significa que haveria promoção da igualdade entre homens e mulheres. Na verdade, a depender da forma como essa igualdade parental é materializada, desconsiderando a vulnerabilidade das mulheres em diversos aspectos da sociedade, como, por exemplo, na dupla jornada, no trabalho invisível de cuidado (tema da redação do Exame Nacional do Ensino Médio de 2023), haveria, de fato, uma acentuação da desigualdade.

Interessante observar que a petição da ABCF é assinada por quatro operadores do Direito, todos homens.

A ação não teve o seu mérito apreciado, em razão do reconhecimento da ilegitimidade ativa da associação autora, conforme voto da Ministra Rosa Weber, relatora do caso. Foram considerados dois argumentos pela ilegitimidade da associação: i) a não demonstração de adequada representatividade geográfica; ii) a inexistência de pertinência temática.

---

82. CANOTILHO, José Joaquim Gomes. **Direito Constitucional**. 7ª. Ed. Coimbra: Almedina, 2003. p. 428-429.

Nesse último ponto, o STF considerou que a AAIG não teria, expressamente, interesses diretos e imediatos em relação à alienação parental. Nesse sentido, considerou que os propósitos de igualdade entre homens e mulheres não sustentariam o questionamento da Lei de Alienação Parental, concernente à suposta proteção de crianças e adolescentes.

É um argumento que parece perigoso. Porque a proteção da infância e da adolescência é questão que permeia a igualdade entre homens e mulheres. Não se pode ignorar que, no mundo todo, as mulheres realizam trabalhos de cuidado não remunerado (o chamado trabalho "invisível") três vezes mais que os homens[83].

Nesse trabalho invisível, ou, em outras palavras, na exploração do trabalho das mulheres, incluem-se os cuidados com os filhos. Nesse sentido, não se pode negar que há relação direta entre a proteção da infância e a igualdade de gênero. Recusar essa realidade, compartimentando-se separadamente o direito das mulheres e a proteção integral à infância e adolescência é aumentar a desigualdade de gênero.

Além disso, as mulheres, quase que exclusivamente, são as acusadas de alienação parental e precisam se defender em juízo dessas acusações, como mostram os resultados da pesquisa que se apresenta no tópico seguinte. Tudo isso evidencia a interseção entre a igualdade de gênero e a proteção à infância.

Por essa razão, o Núcleo Especializado de Promoção e Defesa dos Direitos das Mulheres (NUDEM), vinculado à Defensoria Pública do Estado de São Paulo, elaborou nota técnica acerca da Lei de Alienação Parental. Interessante

---

83. Lambdin, J.R., Greer, K.M., Jibotian, K.S. *et al.* The Animal = Male Hypothesis: Children's and Adults' Beliefs About the Sex of Non–Sex-Specific Stuffed Animals. In: ***Sex Roles*** 48, 471–482 (2003). Disponível em: <https://doi.org/10.1023/A:1023567010708>. Acesso em 30 nov. 2023.

notar que é um núcleo que trata dos direitos das mulheres, evidenciando a interseção existente entre os direitos das mulheres e a proteção à infância. Na nota, além de destacar o histórico da criação do conceito de alienação parental e sua falta de critério científico, o núcleo enfatiza os vieses do projeto que culminou na aprovação da Lei 1.2318/10, que, ao não considerar a desigualdade na divisão da responsabilidade parental, acaba por acentuá-la[84].

A nota técnica conclui que a Lei de Alienação Parental, além de não cumprir os objetivos a que se propõe, de proteção integral da criança, ainda acentua a desigualdade entre homens e mulheres, violando diversos princípios constitucionais, como o contraditório e a imparcialidade.

O uso da Lei de Alienação Parental como forma de intimidação de mulheres que denunciam a violência masculina ficou evidente no recente caso envolvendo a apresentadora Ana Hickmann. Conforme amplamente noticiado pela imprensa[85], após registrar ocorrência de agressão pelo então marido, a apresentadora tornou-se ré em processo no qual ele alega que Ana Hickmann adotaria práticas de alienação parental em relação ao filho do casal. A grande exposição do caso torna o exemplo bastante didático. Como tem demonstrado a jurisprudência, uma das principais defesas dos homens acusados de violência contra mulheres e crianças tem

---

84. DEFENSORIA PÚBLICA DO ESTADO DE SÃO PAULO – NÚCLEO DE PROMOÇÃO E DEFESA DOS DIREITOS DAS MULHERES – NUDEM. **Nota técnica NUDEM nº 01/2019.** São Paulo, 2019. Disponível em <https://www2. defensoria.sp.def.br/dpesp/Repositorio/41/Documentos/nota%20tecnica%20 alienação%20parental.pdf>. Acesso em 05 dez 2023.

85. Ver, por exemplo: <https://www.intercept.com.br/2023/11/30/nem-ana-hickmann-vitima-de-violencia-domestica-escapa-da-lei-de-alienacao-parental/>; <https://www.cnnbrasil.com.br/nacional/ex-marido-de-ana-hickmann-processa-apresentadora-por-alienacao-parental/>; <https://istoe.com.br/video-alexandre-correa-processa-ana-hickmann-por-alienacao-parental/>; <https://www.terra.com.br/nos/alexandre-correa-acusa-ana-hickmann-de-alienacao-parental-entenda,05566ce70acd75d7eda93aa39e0cd4cbvwhisr1c.html>.

sido a acusação de alienação parental, como explicitado no tópico seguinte.

4.4 Evidências do impacto desproporcional da alienação parental no Brasil

Embora o segredo de justiça dificulte a pesquisa empírica acerca da aplicação da lei de alienação parental no Brasil, a leitura das decisões proferidas nesses casos permite que se identifique o sexo dos litigantes com bastante clareza.

Nesse sentido, foi realizada pesquisa junto ao sistema de pesquisa de jurisprudência do Superior Tribunal de Justiça para identificar como as alegações de alienação parental têm sido realizadas no Brasil.

A pesquisa partiu do termo "alienação parental". Foram incluídos apenas os acórdãos nos quais "alienação parental" aparece na ementa ou nas informações complementares. Todos os resultados obtidos foram, então, analisados a partir do inteiro teor do acórdão, buscando trechos que permitissem identificar o sexo dos litigantes. Os pontos observados foram condensados na tabela do Anexo I.

A pesquisa apontou quinze acórdãos que citavam "alienação parental" de acordo com os critérios de busca. Em 100% deles, a acusação de alienadora recai sobre uma mulher. Em apenas dois desses casos, essa mulher não é a mãe. Em um deles é a avó materna e em outro é um casal de tios maternos (único caso em que um homem é apontado, juntamente com uma mulher, como alienador).

Um maior levantamento empírico seria necessário para atestar de forma veemente o viés sexista presente nas alegações de alienação parental, mas a amostra analisada nos fornece indícios de que a Lei de Alienação Parental tem sido aplicada com um forte viés contrário às mulheres. Não parece ser coincidência que a totalidade dos casos julgados coletivamente no STJ (não foram analisadas as decisões monocráticas) tenham mulheres acusadas de alienadoras.

Há, ainda, evidências do uso da alegação de alienação parental como defesa de pais acusados de violência doméstica e abuso sexual contra as mulheres e seus filhos, o que coloca mulheres e crianças em situação de vulnerabilidade. Em pelo menos cinco dos casos analisados, a tese da alienação parental foi utilizada como defesa de acusações de abuso sexual da prole em disputa.

Diante disso, peritos em Direitos Humanos da ONU elaboraram recomendação enviada ao novo governo do Brasil, eleito em 2022, para que seja revogada a Lei de Alienação Parental. A análise dos peritos indicou que a lei se baseia em estereótipos de gênero e que as abordagens nela fundamentadas são profundamente discriminatórias. Ressalta também os altos índices de feminicídio no país, um dos mais altos do mundo. O apelo destaca que a Lei de Alienação Parental permitiu que homens violentos obtivessem sucesso em disputas de custódia com mães ao alegar alienação parental[86].

Reconhecendo esse cenário, o Protocolo para Julgamento com Perspectiva de Gênero 2021, elaborado pelo Conselho Nacional de Justiça recomenda que as ações de violência doméstica/sexual sejam analisadas em conjunto com as ações de alienação parental e que as crianças/adolescentes sejam ouvidas por meio de escuta protetiva, conforme regulamentado na Lei 13.413/2017[87].

86. ONU. **Brazil: UN experts urge new government to target violence against women and girls, repeal parental alienation law.** Disponível em: <https://www.ohchr.org/sites/default/files/2022-11/2022-11-04-media-statement-Brasil-un-experts-women-girls-portuguese_0.pdf>. Acesso em 23 jan. 2023.

87. BRASIL. Conselho Nacional de Justiça. **Protocolo para julgamento com perspectiva de gênero 2021.** Brasília: Conselho Nacional de Justiça – CNJ;

O Protocolo reconhece também o peso que os estereótipos de gênero podem desempenhar nas decisões que envolvem alienação parental, levando os julgadores a atribuir maior valor a testemunhos de pessoas em posição de poder, de homens em relação a mulheres, de atribuir comportamentos vingativos a mulheres, característica esta tão explorada na teoria que fundamenta a alienação parental. A caracterização de mulheres a partir de estereótipos misóginos foi classificada como violência institucional praticada pelo Poder Judiciário na cartilha do CNJ[88].

Diante de todo o exposto, não há dúvida de que Lei de Alienação Parental pode ser considerada inconstitucional. Primeiro, porque o próprio texto da Lei parte de premissas que, prima facie, podem ser lidas como neutras, mas que, são constructos baseados em estereótipos de gênero. Segundo, porque o arcabouço teórico que fundamentou a criação da teoria da alienação parental, conforme demonstrado no item 4.1, não tem comprovação científica válida e os dados empíricos demonstram o contrário do que defende tal teoria. Por último e principalmente, o uso que tem sido feito no Judiciário das alegações de alienação parental e o impacto desproporcional que isso tem causado às mulheres, conforme detalhado neste tópico.

Nesse sentido, lida em face dos princípios da isonomia e da igualdade entre homens e mulheres, expressos no art. 5º, *caput* e I, da Constituição, fica clara a inconstitucionalidade da Lei 12.318/2010, chamada Lei de Alienação Parental.

Escola Nacional de Formação e Aperfeiçoamento de Magistrados — Enfam, 2021. Disponível em <https://www.cnj.jus.br/wp-content/uploads/2021/10/protocolo-18-10-2021-final.pdf>. Acesso em 24 jan 2023.

88. Idem.

5. CONCLUSÃO PARCIAL

O presente capítulo tratou dos casos em que pode ser apontado impacto desproporcional em termos de sexo na jurisprudência. Foi discutida a validade da comparação entre casos brasileiros e norte-americanos, considerando as características dos dois países, que possuem normas que contemplam a implementação da igualdade sob diferentes vertentes, como a fiscalização do trabalho e a litigância coletiva.

Inicialmente, foram discutidos os casos em que o impacto desproporcional foi tratado em matéria de direito do trabalho, campo em que, nos Estados Unidos, houve profícua análise jurisprudencial. No caso Dothard v. Rawlinson, por exemplo, a Suprema Corte entendeu que a exigência de peso mínimo de 54 quilos e a altura mínima de 1,57 metro para agentes penitenciários seria inconstitucional por gerar impacto desproporcional sobre as mulheres, embora não tenha proibido que o sexo fosse levado em consideração na seleção, por se tratar de prisões com alto índice de violência.

No Brasil, concursos militares, em regra, exigem estatura mínima. O STF considerou a exigência "proporcional" sem, no entanto, analisar de forma mais aprofundada a questão. O Tribunal deixou de analisar a questão sob uma perspectiva que leva o sexo em consideração e como essa exigência, aparentemente neutra, afeta de forma desproporcional as mulheres.

A análise das decisões do STF nos casos em que a perspectiva do sexo foi explicitamente abordada (como na ACD 19, que validou a proteção legal outorgada às mulheres pela Lei Maria da Penha, na ADPF 54 possibilitou o aborto de feto anencefálico, no Tema 973 de Repercussão Geral, que trata possibilidade de reagendamento de teste físico para candidata gestante, no Tema 528, que trata do intervalo de

15 minutos para mulheres trabalhadoras antes da jornada extraordinária, na ADI 5.220, que considera a licença maternidade no cômputo do período necessário à obtenção de estabilidade no serviço público) o Tribunal mostrou-se sensível ao argumento do sexo. Quando, no entanto, essa perspectiva não é explicitamente abordada, a discussão tende a ser mais rasa.

Em alguns casos excepcionais, a exigência de altura mínima pode ser justificável, embora acarrete impacto desproporcional sobre mulheres. Por exemplo, a estatura mínima de 1,64 m e máxima de 1,87 m para ingresso no Curso Preparatório de Cadetes do Ar foi justificada pelas configurações de fabricação de dispositivos da aeronave. Ainda que se possa questionar o fundamento das configurações adotadas pelo fabricante, o requisito do edital se mostra justificado.

Em conclusão, exigências de recrutamento relacionadas a condições físicas somente podem ser consideradas como compatíveis com o art. 5º, I, da Constituição brasileira de 1988, se não incidirem de forma desproporcionalmente gravosa sobre as mulheres. O que se verifica é que a discussão sobre o impacto desproporcional de exigências ocupacionais precisa avançar. Discriminações que restringem a empregabilidade de mulheres perpetuam a exclusão de mulheres em trabalhos com melhores remunerações, e a diferença da massa salarial de homens e mulheres no mundo.

Em matéria previdenciária, verificou-se que o STF tem sido sensível ao tema da igualdade de sexos. Na discussão do Tema de Repercussão Geral 72, no qual se debateu a constitucionalidade da incidência da contribuição previdenciária "patronal" sobre o salário-maternidade, o STF, sem mencionar a teoria do impacto desproporcional, aplicou linha argumentativa análoga e afirmou a inconstitucionalidade da exação.

Outro caso julgado pelo STF tratou, mais uma vez, de salário-maternidade. No caso, questionava-se a incidência do teto de benefício da previdência social sobre o salário-maternidade. A interpretação literal do texto constitucional, apesar de, prima facie, neutro em matéria de sexo, teria significativo impacto negativo sobre as mulheres.

Nesses dois julgados, embora não se valha dos aportes teóricos do impacto desproporcional, o Supremo Tribunal Federal corretamente percebe o potencial lesivo em matéria de sexo de normas que, textualmente, são neutras e, sem indagar qual foi a intenção do legislador, afasta essa interpretação.

Em seguida, foi analisada a Lei de alienação parental – Lei 12.318/2010. Criada a partir de uma teoria pseudocientífica, a Lei sustenta que genitores podem manipular os filhos, fazendo-os rejeitar o genitor alienado e até mesmo acusá-lo do cometimento de abuso sexual.

A aprovação da Lei da Alienação Parental foi realizada sem que fossem consideradas pesquisas e estudos mais aprofundados sobre o tema, ou mesmo quaisquer das críticas que já eram realizadas desde que Gardner, o seu criador, lançou seus primeiros textos, positivando no ordenamento brasileiro um quadro psicopatológico infantil sem base científica comprovada.

A Lei, prima facie, neutra, tem sido usada para descreditar alegações apresentadas pelas mães acerca de violência doméstica e abuso, tal como apontado em estudo empírico sobre o tema, conduzido por Nina Jaffe-Geffner[89]. Diversos outros estudos empíricos sobre o tema apontam

89. JAFFE-GEFFNER, Nina. Gender Bias in Cross-Allegation Domestic Violence-Parental Alienation Custody Cases: Can States Legislate the Fix?. In: **Columbia Journal of Gender and Law,** 42(1), 58–111, 2022. Disponível em: <https://doi.org/10.52214/cjgl.v42i1.9373>. Acesso em 19 jan 2023.

a parcialidade da teoria da alienação parental, tendente a beneficiar os pais em detrimento das mães, num claro viés de sexo.

Pesquisa empírica realizada no sistema de pesquisa de jurisprudência do Superior Tribunal de Justiça a partir do termo "alienação parental" apontou que na totalidade dos casos analisados pelo Tribunal, a acusação de alienadora recai sobre uma mulher.

Dessa forma, não há dúvida de que Lei de Alienação Parental pode ser considerada inconstitucional. Primeiro, porque o próprio texto da Lei parte de premissas que, prima facie, podem ser lidas como neutras, mas que, são constructos baseados em estereótipos de sexo.

Segundo, porque o arcabouço teórico que fundamentou a criação da teoria da alienação parental não tem comprovação científica válida e os dados empíricos demonstram o contrário do que defende tal teoria. Por último e principalmente, o uso que tem sido feito no Judiciário das alegações de alienação parental e o impacto desproporcional que isso tem causado às mulheres, conforme detalhado neste tópico. Nesse sentido, lida em face dos princípios da isonomia e da igualdade entre homens e mulheres, expressos no art. 5º, *caput* e I, da Constituição, fica clara a inconstitucionalidade da Lei 12.318/2010, chamada Lei de Alienação Parental.

Em conclusão, é possível estabelecer que os Tribunais Superiores brasileiros têm sido sensíveis à questão do sexo quando explicitamente confrontados a ela. O cerne da questão, nesse ponto, é evidenciar os casos em que a desigualdade de sexo não está explícita e como fazer com que essa reflexão chegue aos Tribunais.

CONCLUSÃO

O presente trabalho tratou da aplicabilidade da teoria do impacto desproporcional em casos que envolvem desigualdade de sexo.

No primeiro capítulo, discutiu-se os conceitos de sexo e gênero a partir do pensamento de pesquisadoras feministas como Gerda Lerner, Judith Butler e Nancy Fraser. O sexo é aquilo que é biológico e objetivamente observável, inclusive por fatores genéticos, e é capaz de diferenciar homens e mulheres. O gênero deriva das interrelações humanas, sendo uma construção social que determina as expectativas relacionadas ao sexo.

Embora visto de forma diversa pelas pensadoras negras, que apontam que o estereótipo de gênero das mulheres negras é diferente daquele das mulheres brancas, em ambos os casos ele reforça a visão da mulher como objeto e não como ser humano.

Independentemente da perspectiva, no estereótipo construído para o sexo feminino assume-se que há um padrão masculino e branco, visto como universal. A mulher é colocada como um nicho, uma identidade. Nesse contexto, a teoria do impacto desproporcional tem sua aplicabilidade em relação às mulheres: enquanto apenas o homem e suas particularidades formarem o que é considerado como modelo na elaboração de normas e políticas públicas e empresariais, mulheres continuarão excluídas.

No capítulo dois, foram apresentadas as premissas da teoria do impacto desproporcional e da validade da comparação com os Estados Unidos, que deve ser feita tendo em conta não uma visão que pretende transpor o que um tribunal estrangeiro decidiu, mas sim enquanto uma ideia acadêmica, que foi trabalhada e debatida em outro país.

Nesse sentido, a teoria do impacto desproporcional é a proposta que pretende analisar os efeitos, sobre grupos minoritários, de práticas e políticas aparentemente neutras. Ela nasce da percepção de que o racismo ou o sexismo podem ser praticados, consciente ou inconscientemente, pela adoção de comportamentos que excluem ou restringem o acesso de grupos minoritários aos bens sociais, apesar de não mirarem explicitamente esses grupos. Assim, a teoria do impacto desproporcional preocupa-se com os efeitos, não com as intenções da conduta.

Sinteticamente, o impacto de uma conduta é desproporcional se os seus efeitos incidem, de modo negativo (seja pela imposição de ônus ou pela negativa de acesso a benefícios) sobre um grupo minoritário, mais do que incidem sobre o grupo majoritário. Considera-se desproporcional um impacto que implique, em determinada prática, a inapropriada exclusão de grupos pertencentes a categorias protegidas (minoritárias), especialmente relativas a sexo, raça ou religião.

Assim, o uso da teoria, dentro de uma estratégia analítica de direito comparado, não como importação acrítica, permanece válido, especialmente quando se leva em consideração que o contexto de discriminação de sexo no Brasil guarda similaridades com os Estados Unidos. Avaliar algumas das estratégias daquele país e sua possibilidade de aplicação no Brasil é, nessa perspectiva, um objetivo científico válido.

O terceiro capítulo tratou dos casos em que pode ser apontado impacto desproporcional em termos de sexo na jurisprudência. Foi discutida a validade da comparação entre casos brasileiros e norte-americanos, considerando as características dos dois países, que possuem normas que contemplam a implementação da igualdade sob diferentes vertentes, como a fiscalização do trabalho e a litigância coletiva.

Foram discutidos os casos em que o impacto desproporcional foi tratado em matéria de direito do trabalho, campo em que, nos Estados Unidos, houve profícua análise jurisprudencial, em especial de casos que envolviam exigências de condições físicas específicas, como altura e peso mínimos.

A análise das decisões do STF nos casos em que a perspectiva do sexo foi explicitamente abordada o Tribunal mostrou-se sensível ao argumento do sexo. Quando, no entanto, essa perspectiva não é explicitamente abordada, a discussão tende a ser mais rasa.

Em matéria previdenciária, a discussão foi centrada no salário-maternidade. Embora não se valha dos aportes teóricos do impacto desproporcional, o Supremo Tribunal Federal corretamente percebe o potencial lesivo em matéria de sexo de normas que, textualmente, são neutras e, sem indagar qual foi a intenção do legislador, afasta essa interpretação.

Em seguida, foi analisada a Lei de alienação parental – Lei 12.318/2010. A Lei, prima facie, neutra, foi criada a partir de uma teoria pseudocientífica e sustenta que genitores podem manipular os filhos, fazendo-os rejeitar o genitor alienado e até mesmo acusá-lo do cometimento de abuso sexual. Foram discutidos diversos estudos empíricos realizados nos Estados Unidos, que ressaltaram a parcialidade da teoria da alienação parental, tendente a beneficiar os pais em detrimento das mães, num claro viés de sexo.

Pesquisa empírica realizada no sistema de pesquisa de jurisprudência do Superior Tribunal de Justiça a partir do termo "alienação parental" apontou que na totalidade dos casos analisados pelo Tribunal, a acusação de alienadora recai sobre uma mulher.

Dessa forma, não há dúvida de que Lei de Alienação Parental pode ser considerada inconstitucional. Primeiro, porque o próprio texto da Lei parte de premissas que, prima facie, podem ser lidas como neutras, mas que, são constructos baseados em estereótipos de sexo.

Segundo, porque o arcabouço teórico que fundamentou a criação da teoria da alienação parental não tem comprovação científica válida e os dados empíricos demonstram o contrário do que defende tal teoria. Por último e principalmente, o uso que tem sido feito no Judiciário das alegações de alienação parental e o impacto desproporcional que isso tem causado às mulheres, conforme detalhado neste tópico. Nesse sentido, lida em face dos princípios da isonomia e da igualdade entre homens e mulheres, expressos no art. 5º, *caput* e I, da Constituição, fica clara a inconstitucionalidade da Lei 12.318/2010, chamada Lei de Alienação Parental.

Em conclusão, é possível estabelecer que os Tribunais Superiores brasileiros têm sido sensíveis à questão do sexo quando explicitamente confrontados a ela. O cerne da questão, nesse ponto, é evidenciar os casos em que a desigualdade de sexo não está explícita e como fazer com que essa reflexão chegue aos Tribunais. E é nesse contexto que a teoria do impacto desproporcional pode ter especial contribuição no Brasil, ao evidenciar os aspectos de como determinadas controvérsias pode ter especial impacto sobre as mulheres.

REFERÊNCIAS BIBLIOGRÁFICAS

BAL, Joanne. Proving Appearance-Related Sex Discrimination in Television News: A Disparate Impact Theory. In: **The University of Chicago Legal Forum**, vol. 1993, n. 1, p. 211 e ss

BANKS, Taunya Lovell. Gender Bias in the Classroom. In: **Journal of Legal Education**, vol. 38, no. 1/2, 1988, pp. 137–46. Disponível em <http://www.jstor.org/stable/42893013>. Acesso em 23 jan 2023.

BARBOSA, L.; MENDES, J.; MARTINS JURAS, M. Dinâmicas disfuncionais, disputa de guarda e alegações de alienação parental: uma compreensão sistêmica. In: **Nova Perspectiva Sistêmica**, *[S. l.]*, v. 30, n. 69, p. 78–95, 2021. DOI: 10.38034/nps.v30i69.612. Disponível em: <https://www.revistanps.com.br/nps /article/view/612>. Acesso em: 19 jan. 2023.

BARBOZA, Estefânia Maria de Queiroz; DEMETRIO, André. Quando o gênero bate à porta do STF: a busca por um constitucionalismo feminista. In: **Revista Direito GV**, v. 15, n. 3, e1930, 2019. Disponível em: <https://doi.org/10.1590/2317-6172201930>. Acesso em 23 jan. 2023.

BARUFI, Melissa Telles; ARAÚJO, Sandra Maria Baccara. **Alienação Parental**: vidas em preto e branco. Porto Alegre: Escola Superior de Advocacia da OAB/RS. 2012. Disponível em <https://www.mpma.mp.br/arquivos/CAOPIJ/docs/2._Cartilha _Alienacao_ Parental_OAB-RS.pdf>. Acesso em 10 jan. 2023.

BATALHA, Glaucia Fernanda Oliveira Martins; SERRA, Maiane Cibele de Mesquista. Produções discursivas de gênero: uma reflexão crítica sobre a Lei 12.318/2010 e a "Síndrome da Alienação Parental". In: **Revista de Direito da Família e Sucessão**, Belém, v. 5, n. 2, p. 19-37, jul./dez. 2019. p. 27. Disponível em: <https://indexlaw.org/

index.php/direitofamilia/article/view/5912>. Acesso em: 10 jan. 2023.

BEAUVOIR, Simone de. **O Segundo sexo**: fatos e mitos. 4 ed. São Paulo: Difusão Européia do Livro, 1980.

BECKER, G. S. Crime and punishment: an economic approach. In: **Journal of Political Economy**, Chicago, v. 76, n. 2, p. 169-217, Mar.-Apr. 1968.

BELTON, Robert. **The Crusade for Equality in the Workplace**: The Griggs vs. Duke Power Story. Kansas City: University Press of Kansas, 2014.

BENHABIB, Seyla; BUTLER, Judith; CORNELL, Drucilla; FRASER, Nancy. **Feminist Contentions**: A Philosophical Exchange. New York: Routledge, 1995.

BENNETT, Robert; SOLUM, Lawrence. **Constitutional Originalism**: A Debate. Ithaca: Cornell University Press, 2011.

BERNET, Willian; BAKER, Amy J.L. Parental alienation, DSM-5, and ICD-11: response to critics. In: **The journal of the American Academy of Psychiatry and the Law.** vol. 41,1 (2013): 98-104. Disponível em: <https://jaapl.org/content/jaap l/41/1/98.full.pdf>. Acesso em 23 jan 2023.

BIDDLE, Dan. **Adverse Impact and Test Validation**: a Practitioner's Guide to Valid and Defensible Employment Testing. Aldershot: Gower Technical Press., 2006.

BLUMROSEN, Alfred W. The Legacy of Griggs: Social Progress and Subjective Judgments. In: **Chicago-Kent Law Review**, vol. 63, p. 1, 1987.

BORGES KOPP, J.; OLIVEIRA E MARINHO, M. .; AIRES MARANGONI, C. A utilização da lei de alienação parental como instrumento de realização de violência psicológica contra mulheres. In: **Revista Direito e Feminismos**, Salvador, BA, v. 1, n. 1, p. 1–20, 2022. Disponível em: <https://revista.ibadfem.com.br/revista/article / view/14>. Acesso em 10 jan. 2023.

BRASIL. Conselho Nacional de Justiça. **Protocolo para julgamento com perspectiva de gênero 2021**. Brasília: Conselho Nacional de Justiça – CNJ; Escola Nacional de Formação e Aperfeiçoamento de Magistrados — Enfam, 2021. Disponível em <https://www.cnj.

jus.br/wp-content/uploads/2021/10/protocolo-18-10-2021-final.pdf>. Acesso em 23 jan. 2023.

BRASIL. **Pesquisa Nacional de Amostra de Domicílios**. Brasília: Instituto Brasileiro de Geografia e Estatística, 2022.

BRUCH Carol, Parental Alienation Syndrome and Parental Alienation: Getting it Wrong in Child Custody Cases, 35. In: **Family Law Quarterly,** Vol. 14, No. 4, pp. 381-400, 2002. Disponível em: <https://ssrn.com/abstract=2084769>. Acesso em 23 jan. 2023.

BUTLER, Judith. Críticamente subversiva. In: JIMÉNEZ, Rafael M. Mérida. **Sexualidades transgresoras**. Una antología de estudios queer. Barcelona: Icária editorial, 2002, p. 55 a 81.

BUTLER, Judith. **Problemas de Gênero:** Feminismo e subversão da identidade. 14. ed. Rio de Janeiro, Civilização Brasileira, 2017.

CANOTILHO, José Joaquim Gomes. **Direito Constitucional e Teoria da Constituição**. 7. ed. Coimbra: Almedina, 2003. p. 428 a 429.

CHEMERINSKY, Erwin. **Worse Than Nothing**: The Dangerous Fallacy of Originalism. New Haven: Yale University Press, 2022.

CISLAK, Aleksandra., FORMANOWICZ, Magdalena.; Saguy, Tamar. Bias against research on gender bias. In: **Scientometrics** 115, 189–200 (2018).

CRIADO PEREZ, Caroline. **Invisible Women**: exposing data bias in a world designed for men. Londres: Chatto & Windus, 2019.

DALLAM Stephanie. Are "Good Enough" Parents Losing Custody to Abusive Ex-Partners? In: **Leadership Council on Child Abuse & Interpersonal Violence**, 2008, pp. 8-10. Disponível em <http://www.leadershipcouncil.org/1/pas/dv.html>. Acesso em 12 jan. 2023.

DAVIS, Ângela. **Mulheres, raça e classe**. São Paulo: Boitempo, 2016.

DIAS, Maria Berenice. **Alienação Parental e suas Consequências**. Disponível em <https://berenicedias.com.br/alienacao-parental-e-suas-consequencias/>. Acesso em 12 jan. 2023.

DIAS, Maria Berenice. *Alienação parental: uma nova lei para um velho problema.* In: **IBDFAN**, 2010. Disponível em: www.ibdfan.org.br. Acesso em 10 jan. 2023

DIAS, Maria Berenice. **Manual de Direito das Famílias**. 15. ed. Ver., atual. e ampliada. Salvador: Editora Juspodivm, 2022.

DIAS, Maria Berenice. O direito dos filhos a seus pais. In: BARUFI, Melissa Telles; ARAÚJO, Sandra Maria Baccara. **Alienação Parental**: vidas em preto e branco. Escola Superior de Advocacia da OAB/RS. Porto Alegre, 2012. Disponível em <https://www.mpma.mp.br/arquivos/CAOPIJ/docs/2._ Cartilha_Alienacao_Parental_ OAB-RS.pdf>. Acesso em 10 jan. 2023.

Dias, Maria Berenice. **Síndrome da alienação parental, o que é isso**? Disponível em: <https://edisciplinas.usp.br/pluginfile.php/4897269/mod_resource/content/1/1_-_s%C3%ADndrome_da_alienação__parental%2C_o_que_é_isso%20Maria%20 Berenice %20 Dias.pdf>. Acesso em 11 jan. 2023.

EICHNER, Maxine. Getting Women Work That Isn't Women's Work: Challenging Gender Biases in the Workplace Under Title VII. In: **The Yale Law Journal**, vol. 97, 1988, p. 1397 e ss.

FERNANDES, Bernardo Gonçalves. **Curso de Direito constitucional**. 9. ed. Salvador: Juspodivm, 2017, p. 469.

GARDNER, Richard A. Denial of the Parental Alienation Syndrome Also Harms Women. **American Journal of Family Therapy**, v. 30, n. 3, pp.191-202, 2002d.

GARDNER, Richard A. Parental Alienation Syndrome vs. Parental Alienation: Which Diagnosis Should Evaluators Use in Child-Custody Disputes? In: **The American Journal of Family Therapy**, 30 (2):93-115, 2002. Disponível em <https://www.fact.on.ca/Info/pas/gard02b.htm>. Acesso em 09 jan. 2023.

GARDNER, Richard. A. The Burgess Decision and the Wallerstein Brief. In: **Journal of the American Academy of Psychiatry and the Law**, 26(3):425-431, 1998. Disponível em: <http://www.fact.on.ca/Info/pas/gard98a.htm>. Acesso em 16 jan. 2023.

GARDNER, Richard. **The parental alienation syndrome**: a guide for mental health & legal professional 2. ed. Cresskill, NJ: Creative Therapeutics, 1998.

GARROW, David. Toward a Definitive History of Griggs v. Duke Power Co. In: **Vanderbilt Law Review**, vol. 67, p. 197, 2014.

GIUBERTI, Ana; MENEZES-FILHO, Naércio. Discriminação de rendimentos por gênero: uma comparação entre o Brasil e os Estados Unidos. In: **Revista Economia Aplicada**, vol. 9, n. 3, 2005.

GOLDIN, Claudia; ROUSE, Cecilia. Orchestrating Impartiality: The Impact of 'Blind'Auditions on Female Musicians. In: **American Economic Review**, 90 (4): 715-741, 2000.

GREENBERG, Jack. **Crusaders in the courts**: How a Dedicated Band of Lawyers Fought for the Civil Rights Revolution. New York: Basic Books, 1994.

HAMBERG Katarina. Gender Bias in Medicine. In: **Women's Health**, v. 4 n. 3, 237-243, 2008.

HODGES, Chrisopher; VOET, Stephan. **Delivering collective redress**. Oxford: Hart, 2018.

JAFFE-GEFFNER, Nina. Gender Bias in Cross-Allegation Domestic Violence-Parental Alienation Custody Cases: Can States Legislate the Fix?. In: **Columbia Journal of Gender and Law,** 42(1), 58–111, 2022. Disponível em: <https://doi.org/10.52214/cjgl.v42i1.9373>. Acesso em 19 jan. 2023.

LAMBDIN, J.R., GREER, K.M., JIBOTIAN, K.S. et al. The Animal = Male Hypothesis: Children's and Adults' Beliefs About the Sex of Non–Sex-Specific Stuffed Animals. In: **Sex Roles** 48, 471–482 (2003). Disponível em: <https://doi.org/10.1023/A:1023567010708>. Acesso em 30 nov. 2023.

LEGRAND, Pierre. **Como ler o direito estrangeiro**. São Paulo: Contracorrente, 2018.

LERNER, Gerda. **A criação do patriarcado**: história da opressão das mulheres pelos homens. São Paulo: Cultrix, 2019.

MARINONI, Luiz Guilherme. **Tutela inibitória e tutela de remoção do ilícito**. 8.ed. São Paulo: RT, 2022.

MEIER, J. S.; DICKSON, S. Mapping Gender: Shedding Empirical Light on Family Courts' Treatment of Cases Involving Abuse and Alienation. In: **Law & Ineq.**, v. 35, pp. 311-334, 2017.

MENDES, Josimar Antônio de Alcântara; BUCHER-MALUSCHKE, Julia Sursis Nobre Ferro. et al. Publicações Psicojurídicas sobre Alienação Parental: uma revisão integrativa de literatura em português. In: **Revista Psicologia em Estudo**, Maringá, v. 21, n. 1, pp.161-174, 2016. Disponível em: <https://periodicos.uem.br/ojs/index.php/PsicolEstud/article/view/29704/pdf>. Acesso em 10 jan. 2023.

MENDES, Josimar Antônio de Alcântara. Genealogia, Pressupostos, Legislações e Aplicação da Teoria de Alienação Parental: uma (re) visão crítica. In: SILVA, I. R. da (org.). **Debatendo sobre Alienação Parental**: Diferentes Perspectivas. Brasília: Conselho Federal de Psicologia, 2019. p. 11-35. Disponivel em: <https://bit.ly/3elsXmg>. Acesso em 15 jan. 2023.

MENEZES, Rachel Serodio de. O outro lado da lei de alienação parental: a violência contra mulheres e crianças legitimadas pelo sistema de justiça. In: ***Latinidade*** – Revista do Núcleo de Estudos das Américas. Volume 12, Número 2, p. 147-169, Julho – Dezembro 2020 Disponível em <https://summumiuris.com.br/wp-content/uploads/2021/11/O-outro-lado-da-lei-de-alienacao-parental--a-violencia-contra-mulheres-e-criancas-legitimadas-pelo-sistema-de-justica.pdf>. Acesso em 09 jan. 2023.

MENGEL, Friederike; SAUERMANN, Jan; ZÖLITZ, Ulf. Gender Bias in Teaching Evaluations. In: **Journal of the European Economic Association**, v. 17, n. 2, 535–566, 2019.

MITCHELL, Kristina., & MARTIN, Jonathan. Gender Bias in Student Evaluations. In: **Political Science & Politics**, 51(3), 648-652, 2018.

NAYEE, Bina. Where breaking glass ceilings leads to glass walls: gender-disparate managerial decision-making power and authority. In: **Fordham Law Review**, vol. 87, 2018, p. 371 e ss.

NORDELL, Jessica. **The End of Bias**: A Beginning - The Science and Practice of Overcoming Unconscious Bias. New York: Metropolitan Books, 2021.

ONU. **Brazil: UN experts urge new government to target violence against women and girls, repeal parental alienation law**. Disponível em: <https://www.ohchr.org/sites/default/files/2022-11/2022-11-04-media-statement-Brasil-un-experts-women-girls-portuguese_0.pdf>. Acesso em 23 jan. 2023.

PAGNAN, Redson. De Foucault à Butler: como a teoria queer contamina os discursos In: **RUA** *[online]*. Volume 26, número 2, 2020 – p. 741-746 – Disponível em <http://www.labeurb.unicamp.br/rua/>. Acesso em 12 jun. 22.

ROSA, Conrado Paulino da. Conflitos Familiares e sua abordagem em juízo. In: Barros, Alcina Juliana Soares; Rosa, Conrado Paulino da; Brazil, Glicia Barbosa de Mattos. **Perícias psicológicas**

e Psiquiátricas nos processos de família. Salvador: Juspodivm, 2022. p. 15-62.

ROTHSTEIN, Richard. **The Color of Law**. New York: Liveright, 2017.

RUDINGER, Rachel et. al. **Gender Bias in Coreference Resolution**. Disponível em <https://arxiv.org/abs/1804.09301>. Acesso em 16 jan. 23.

SAUNDERS, Daniel G. et al. **Child Custody Evaluators' Beliefs About Domestic Abuse Allegations**: Their Relationship to Evaluator Demographics, Background, Domestic Violence Knowledge and Custody-Visitation Recommendations, 114 (2012). Disponível em <https://www.ojp.gov/pdffiles1/nij/grants/238891.pdf>. Acesso em 19 jan. 2023.

SIQUEIRA, Tanise de. Alienação Parental: a ponta do "iceberg" para institucionalização da pedofilia. In: **Revista Empodere.** n.04. p. 42-47. Brasil: Revista Empodere, 2018.

SOTTOMAYOR, Maria Clara – Uma análise crítica da síndrome de alienação parental e os riscos da sua utilização nos Tribunais de Família. **Julgar**. ISSN 1646-8853. N.º 13 (2011), p. 73-107. Disponível em <http://julgar.pt/wp-content/uploads/2015/10/073-107-Alienação-parental.pdf>. Acesso em 10 jan. 2023.

SOTTOMAYOR, Maria Clara. **A fraude da síndrome de alienação parental e a protecção das crianças vítimas de abuso sexual.** Comunicação proferida na Conferência Internacional "O Superior Interesse da Criança e o Mito da "Síndrome de Alienação Parental". 2011. Disponível em <http://www.eas.pt/wp-content/uploads/2014/01/A-fraude-da-SAP-e-a-protecç_o-das-crianças--v%C3% ADtimas-de-abuso-sexual.pdf>. Acesso em 10 jan. 2023.

SOUSA, A. M. Síndrome da alienação parental: análise de um tema em evidência. Centro de Educação e Humanidades. Instituto de Psicologia. **Programa de Pós-Graduação em Psicologia Social.** Universidade do Estado do Rio de Janeiro, 2009.

SPANN, Girardau A. Disparate Impact. In: **The Georgetown Law Journal**, vol. 98, p. 1133 e ss., 2010.

SPANN, Girardau A. **Race Against the Court**. New York: New York University Press, 1994.

STAHL, Philip M. Understanding and Evaluating Alienation in High-Conflict Custody Cases. In: **Wisconsin Journal of Family Law**, Vol. 24, 1, 2004. p.1.

STOTSKY, Janet. **Gender Bias in Tax Systems**. Disponível em <https://www.imf.org/en/Publications/WP/Issues/2016/12/30/Gender-Bias-in-Tax-Syst ems-2074>. Acesso em 16 jan. 23.

THALER, Richard; SUNSTEIN, Cass. **Nudge**: tomar melhores decisões sobre saúde, dinheiro e felicidade. São Paulo: Objetiva, 2019.

VITORELLI, Edilson. **Estatuto da igualdade racial e comunidades quilombolas**: Lei nº 12.228/2010 e Decreto nº 4887/2003. Salvador: Juspodivm, 2012. 300 p.

VITORELLI, Edilson. Levando os conceitos a sério: processo estrutural, processo coletivo, processo estratégico e suas diferenças. In: **Revista de Processo**, v. 284, p. 333-369, 2018.

VITORELLI, Edilson. **O Devido Processo Legal Coletivo**: dos direitos aos litígios coletivos. 3.ed. São Paulo: RT, 2022, capítulo 4.

WALLERSTEIN, Judith S.; Lewis, Julia M. The unexpected legacy of divorce: Report of a 25-Year Study. In: **Psychoanalytic Psychology**, 2004, Vol. 21, No. 3, 353–370. Disponível em <https://citeseerx. ist. psu.edu/ document ?repid=rep1& type=pdf&doi=43e70f0581fd2855a7bc44fe5e6d562f49d4f914>. Acesso em 16 jan. 2023.

WAQUIM, Bruna Barbieri. **A integração da alienação parental à doutrina da proteção integral**: repercussões jurídico-políticas do enquadramento da alienação familiar induzida como situação de risco. 2020. Tese (Doutorado em Direito) - Centro Universitário de Brasília, Brasília, 2020.

WAQUIM, Bruna Barbieri. Quem tem medo da Alienação Parental? Mitos e verdades que precisam ser explicados. In: **IBDFAM**, 2020. Disponível em: <https://ibdfam.org.br/artigos/1499/Quem+tem+medo+da+Alienação+Parental%3F+ Mitos+e+verdades+que+precisam+ser+ explicados >. Acesso em 16 jan. 2023.

WOOD, Cheri. The Parental Alienation Syndrome: A Dangerous Aura of Reliability, In: **Los Angeles Law Review**, 1994, 1367-1415.

ANEXO I

Número do Processo	Data do julgamento pelo STJ	Alegado alienador	Trecho que demonstra qual o sexo das partes
AgInt no REsp 1900762/SP AGRAVO INTERNO NO RECURSO ESPECIAL 2020/0267961-9	14/03/2022	Mãe	Repisa os argumentos elencados no recurso especial, quanto aos atos de alienação parental praticados pela ora **agravada**; à necessidade de se determinar maior tempo de convivência entre **o agravante e sua filha**; e ao pedido de conversão de guarda unilateral da sua filha, em seu favor.
AgRg no AREsp 1964098/AM AGRAVO REGIMENTAL NO AGRAVO EM RECURSO ESPECIAL 2021/0287231-5	14/12/2021	Mãe	Assim, a existência de um relacionamento conturbado entre **a Sra. M. e o apelante** é fato incontroverso. Não obstante, isso não significa, por si só, que ocorra alienação parental, devendo existir indícios de interferência ativa de um dos genitores na construção da imagem do menor sobre o outro genitor, o que não foi demonstrado no presente caso. O Tribunal a quo asseverou, ainda, que a inexiste nos autos "qualquer indício, ainda que de forma superficial, que a ofendida sofra alienação parental" (e-STJ fl. 709), "não havendo provas sequer de que **a genitora da vítima** fale mal do apelante para a mesma" [sic] (e-STJ fl. 712).

Número do Processo	Data do julgamento pelo STJ	Alegado alienador	Trecho que demonstra qual o sexo das partes
AgRg no AgRg no AREsp 1843720/ DF AGRAVO REGIMENTAL NO AGRAVO REGIMENTAL NO AGRAVO EM RECURSO ESPECIAL 2021/0055444-3	18/05/2021	Mãe	Em relação à alienação parental, tanto TATIANI quanto EURONIS (irmã e mãe da vítima) afirmaram que **JANAÍNA não permitia que as crianças tivessem contato com os parentes de LESSANDRO.**
REsp 1859228/SP RECURSO ESPECIAL 2019/0239733-9	27/04/2021	Casal de tios maternos (após a morte da mãe, porque a criança foi considerada em situação de abandono com o pai)	RECURSO ESPECIAL. CIVIL. INFÂNCIA E JUVENTUDE. MODIFICAÇÃO DE GUARDA. AÇÃO AJUIZADA POR TIOS PATERNOS EM FACE DE TIOS MATERNOS. MODIFICAÇÃO DA GUARDA. IMPOSSIBILIDADE. PRINCÍPIOS DA PROTEÇÃO INTEGRAL E DO MELHOR INTERESSE DA CRIANÇA E DO ADOLESCENTE. **ALIENAÇÃO PARENTAL.** NÃO COMPROVAÇÃO. ALTERAÇÃO DA GUARDA. PROVIDÊNCIA NÃO AUTOMÁTICA. 1 – Recurso especial interposto em 10/1/2019 e concluso ao gabinete em 28/1/2020. 2 – O propósito recursal consiste em dizer se a guarda da menor deve ser deferida aos tios paternos em virtude de suposta **alienação parental** praticada pelos tios maternos, atuais guardiões.
AgRg no HC 614446/SP AGRAVO REGIMENTAL NO HABEAS CORPUS 2020/0245592-3	09/02/2021	Mãe	1. Não há manifesta ilegalidade se as instâncias de origem devidamente fundamentaram, com base nas provas orais colhidas nos autos, a condenação do paciente, considerando que este passou a molestar sexualmente seu filho, chegando por algumas vezes, a colocar seu pênis no ânus da criança, ejaculando, conduta que se amolda ao delito previsto no art. 217-A, c.c o art. 226, II, do CP.

Número do Processo	Data do julgamento pelo STJ	Alegado alienador	Trecho que demonstra qual o sexo das partes
			2. Nos crimes sexuais, a palavra da vítima possui especial relevo, tendo em vista sobretudo o modus operandi empregado na prática desses delitos, cometidos, via de regra, às escondidas. 3. A apreciação da alegação de existência de **alienação parental** por parte da mãe da vítima demandaria o reexame do material fático-probatório dos autos, o que não é cabível em sede de habeas corpus.
HC 550132/MS HABEAS CORPUS 2019/0364779-1	05/05/2020	Mãe	Segundo consta, o denunciado KLEBER ROGÉRIO é advogado **da requerida** (G. B. D.) no processo judicial acima mencionado, em tramite na 4ª Vara de Família e Sucessões de Campo Grande/MS, que versa sobre alienação parental e a guarda do menor (M. B. B.), e tem como **requerente (M. E. B. M.), pai do mencionado menor.**
AgInt nos EDcl no CC 160102/SC AGRAVO INTERNO NOS EMBARGOS DE DECLARAÇÃO NO CONFLITO DE COMPETÊNCIA 2018/0197655-0	14/05/2019	Mãe	O agravante se insurge contra a determinação da competência do Juízo de Pomerode – SC, em desfavor d Juízo de Atibaia – SP, para onde se mudou a **agravada e seu filho.**
REsp 1654111/DF RECURSO ESPECIAL 2016/0330131-5	22/08/2017	Mãe	No recurso especial, C. R. A. B. alega violação dos arts. 1.584, § 2º e 1.584, § 3º, do Código Civil ao argumento de que deve ser deferido o pedido de guarda compartilhada da filha menor do casal. Sustenta desejar buscar a criança na escola às sextas-feiras e devolvê-la na segunda, o que não geraria "ônus excessivo sobre a filha nem geraria uma rotina cansativa e confusa", diferentemente do que atestado no acórdão recorrido. Aponta, ainda, violação do art. 6º da Lei nº 12.318/2010, pois a Corte local teria deixado de reconhecer a conduta de alienação parental imputada à **genitora da menor**, tendo em vista a falsidade da acusação de **abuso sexual**.

Número do Processo	Data do julgamento pelo STJ	Alegado alienador	Trecho que demonstra qual o sexo das partes
AgRg no AREsp 1078699/BA AGRAVO REGIMENTAL NO AGRAVO EM RECURSO ESPECIAL 2017/0080260-3	23/05/2017	Avó	AGRAVO REGIMENTAL NO AGRAVO EM RECURSO ESPECIAL. PENAL. ESTUPRO DE VULNERÁVEL. PLEITO DE ABSOLVIÇÃO FUNDADO NA TESE DE ALIENAÇÃO PARENTAL. ÓBICE DA SÚMULA 7 DESTA CORTE. AGRAVO DESPROVIDO. Reafirma, ainda, a tese do recurso especial de que o estupro não ocorreu, sendo o depoimento do menor fruto de alienação parental realizada **pela avó da criança contra o agravante**.
AgInt no AREsp 898302/RJ AGRAVO INTERNO NO AGRAVO EM RECURSO ESPECIAL 2016/0089511-7	07/03/2017	Mãe	E. F. DE A. M. ajuizou ação de regularização de visitas, com pedido de tutela antecipada, contra P. M. C., sua ex-cônjuge, na qual narrou que, após a separação do casal, tinha acesso livre à filha menor, no entanto, **a demandada** passou a dificultar a visitação da filha, não mais permitindo que tenha contato com ela ou que passasse o final de semana na companhia dela. A sentença julgou o pedido procedente com aplicação de multa por atos de alienação parental, para cada final de semana que o autor tiver negado o direito de exercer a visitação da filha (e-STJ, fls. 179/205).
AgRg no AREsp 992812/SC AGRAVO REGIMENTAL NO AGRAVO EM RECURSO ESPECIAL 2016/0259725-3	17/11/2016	mãe	Nas razões, insistiu **o agravante** na procedência das teses deduzidas no recurso especial, calcadas na suposta negativa de vigência ao art. 5o, § 2o, da Lei n. 12.318/2010 e contrariedade ao art. 61 do Decreto-Lei n. 3.688/1941. Em sede das alegações finais, o recorrente suscitou suposta nulidade no relatório confeccionado pelo Centro de Referência Especializado de Assistência Social (CREAS), com base na alegação de que teria sido subscrito por profissionais não habilitados nos moldes exigidos pelo art. 5o da Lei n. 12.318/2010 (fl. 166):

Número do Processo	Data do julgamento pelo STJ	Alegado alienador	Trecho que demonstra qual o sexo das partes
			No caso dos autos, as instâncias ordinárias concluíram que a conduta delituosa do recorrente consistiu em beijar a boca da vitima, tirar a roupa de ambos, passar os dedos **na vagina** desta, fazer com que ela o masturbasse, esfregar seu pênis no órgão sexual da criança e simular relação interfemoral (fl. 288).
AgRg nos EDcl no AREsp 352516/GO AGRAVO REGIMENTAL NOS EMBARGOS DE DECLARAÇÃO NO AGRAVO EM RECURSO ESPECIAL 2013/0196784-4	04/09/2014	mãe	Ora, o acórdão impugnado apenas rechaçou a alegação de cerceamento de defesa, consignando que a perícia logrou avaliar a tese defensiva de alienação parental, sendo editada por profissional da área correspondente (fl. 610): Com efeito, extrai-se do referido exame, dentre outras constatações, que a vítima não sofreu influência de terceiros quando declarou ter sido abusada sexualmente. Em outro ponto, salientou a psicóloga que "os dados colhidos no presente estudo foram suficientes para indicar que o caso em questão não parece se tratar de alienação parental, vez que há indícios de que E **foi abusada sexualmente por seu genitor**."
REsp 1330172/MS RECURSO ESPECIAL 2012/0061580-6	11/03/2014	mãe	Ação: reconhecimento e dissolução de união estável, c/c partilha de bens, guarda e regulamentação de visitas, ajuizada por L. M. R., em face de O. B. F., no bojo da qual, depois de celebrado acordo acerca da guarda e visitas à filha comum do casal, se instaurou incidente para apuração da prática de alienação parental **pela ré**.

Número do Processo	Data do julgamento pelo STJ	Alegado alienador	Trecho que demonstra qual o sexo das partes
EDcl no CC 108689/PE EMBARGOS DE DECLARAÇÃO NO CONFLITO DE COMPETÊNCIA 2009/0214953-5	10/11/2010	mãe	No caso, tendo a **detentora da guarda**, a qual tem por companheiro um militar do Exército Brasileiro, se mudado para a comarca de São Gabriel da Cachoeira em 2007, a propositura da ação de modificação de guarda, **ajuizada pelo pai** nesse mesmo período, lá deveria ter se dado, consoante entenderam os Juízos suscitados. Não se trata de mudança de endereço depois de proposta a ação e efetivada a citação, mas de ajuizamento de ação onde o detentor da guarda não mais tem domicílio (fls. 12).
CC 94723/RJ CONFLITO DE COMPETÊNCIA 2008/0060262-5	24/09/2008	mãe	A narrativa constante da inicial do feito de modificação relata que **o pai é pessoa violenta e que praticou abuso sexual contra a filha**, causando a consequente evasão dos autores com apoio do PROVITA, Programa de Proteção a Vítimas e Testemunhas Ameaçadas, fixando posteriormente residência em sigilo na comarca fluminense até que posteriormente o deixaram. Contrariamente, a decisão concessiva de tutela na ação de obtenção de guarda movida pelo pai (n. 200705184158) elucida que **a mãe** sofre de profundos problemas psicológicos denominados de Síndrome de Alienação Parental (fl. 133), causadores de todas as denúncias de atitudes nefastas contra M. A. R., e que induz as crianças a denegrirem a imagem paterna, contra quem nenhuma alegação foi comprovada nem indício algum foi diagnosticado nos estudos dos especialistas que auxiliam o Juízo (fl. 129).

EDITORA JusPODIVM
www.editorajuspodivm.com.br

RENOVA GRAF
www.renovagraf.com.br

JUS4414